«Ryan Holiday es un tesoro nacional y un maestro en el campo de la autogestión. En su libro más convincente ha explorado tanto la literatura clásica del mundo antiguo como los iconos culturales más contemporáneos, desde Mr. Rogers hasta Tiger Woods. Además, expone sus conocimientos de forma sencilla para que nuestra frenética, distraída e hiperestimulada mente moderna pueda entenderlos y utilizarlos. Muy recomendable».

STEVEN PRESSFIELD, AUTOR DE LOS SUPERVENTAS
LA GUERRA DEL ARTE Y *EL CAMINO DEL ARTISTA*

Ryan es un sabio de la autoayuda. En la actualidad es un gurú muy solicitado por los entrenadores de la NFL, los atletas olímpicos, las estrellas del *hip-hop* o los empresarios de Silicon Valley. Traduce el estoicismo, que en la Antigüedad tenía entre sus adeptos a emperadores y estadistas, en frases precisas y anécdotas digeribles para el público del siglo XXI».

ALEXANDRA ALTER, *NEW YORK TIMES*

«Holiday es un pensador original y creativo al que le gusta tomar riesgos».

NEW YORK TIMES BOOK REVIEW

«Mi vida no está regida por muchas normas, pero una que nunca rompo es: si Ryan Holiday escribe un libro, lo leo tan pronto como pueda tenerlo en mis manos».

BRIAN KOPPELMAN, GUIONISTA Y DIRECTOR
DE *ROUNDERS, OCEAN'S THIRTEEN* Y *BILLIONS*

«Ryan Holiday es uno de los jóvenes escritores más prometedores de su generación».

GEORGE RAVELING, MIEMBRO DEL SALÓN DE LA FAMA DEL BALONCESTO Y DIRECTOR INTERNACIONAL DEL BALONCESTO DE NIKE

Otros elogios a
LA QUIETUD ES LA CLAVE

«Algunos autores se limitan a dar consejos. Ryan Holiday destila sabiduría. Este libro es de lectura obligada».

CAL NEWPORT, AUTOR DEL SUPERVENTAS
MINIMALISMO DIGITAL, DEL *NEW YORK TIMES*

«No te dejes engañar. En las páginas de este pequeño y sencillo libro se encuentra una idea que te puede cambiar la vida: para avanzar, debemos aprender a estar quietos. Ryan Holiday lo ha logrado de nuevo».

SOPHIA AMORUSO,
COFUNDADORA Y CEO DE *GIRLBOSS*

«En el mundo actual existen muchos peligros; en especial, las distracciones sin fin y las pequeñas batallas que nos hacen trabajar sin propósito o dirección. En este libro que sintetiza las filosofías oriental y occidental, Ryan Holiday nos enseña a estar presentes y a mantener nuestro enfoque en medio de los abrumadores conflictos y problemas de la vida del siglo XXI».

ROBERT GREEN, AUTOR DEL SUPERVENTAS
LAS 48 LEYES DEL PODER, DEL *NEW YORK TIMES*

«Ryan Holiday es uno de los mejores escritores y una de las mentes más preclaras de nuestro tiempo. En *La quietud es la clave* nos muestra el camino para limpiar nuestra mente, recargar nuestra alma y recuperar nuestro poder».

JON GORDON,
AUTOR DEL SUPERVENTAS *EL BUS DE LA ENERGÍA*

LA QUIETUD ES LA CLAVE

Otros elogios a
LA QUIETUD ES LA CLAVE

«Algunos autores se limitan a dar consejos. Ryan Holiday destila sabiduría. Este libro es de lectura obligada».

CAL NEWPORT, AUTOR DEL SUPERVENTAS
MINIMALISMO DIGITAL, DEL *NEW YORK TIMES*

«No te dejes engañar. En las páginas de este pequeño y sencillo libro se encuentra una idea que te puede cambiar la vida: para avanzar, debemos aprender a estar quietos. Ryan Holiday lo ha logrado de nuevo».

SOPHIA AMORUSO,
COFUNDADORA Y CEO DE *GIRLBOSS*

«En el mundo actual existen muchos peligros; en especial, las distracciones sin fin y las pequeñas batallas que nos hacen trabajar sin propósito o dirección. En este libro que sintetiza las filosofías oriental y occidental, Ryan Holiday nos enseña a estar presentes y a mantener nuestro enfoque en medio de los abrumadores conflictos y problemas de la vida del siglo XXI».

ROBERT GREEN, AUTOR DEL SUPERVENTAS
LAS 48 LEYES DEL PODER, DEL *NEW YORK TIMES*

«Ryan Holiday es uno de los mejores escritores y una de las mentes más preclaras de nuestro tiempo. En *La quietud es la clave* nos muestra el camino para limpiar nuestra mente, recargar nuestra alma y recuperar nuestro poder».

JON GORDON,
AUTOR DEL SUPERVENTAS *EL BUS DE LA ENERGÍA*

«Ryan Holiday es un tesoro nacional y un maestro en el campo de la autogestión. En su libro más convincente ha explorado tanto la literatura clásica del mundo antiguo como los iconos culturales más contemporáneos, desde Mr. Rogers hasta Tiger Woods. Además, expone sus conocimientos de forma sencilla para que nuestra frenética, distraída e hiperestimulada mente moderna pueda entenderlos y utilizarlos. Muy recomendable».

STEVEN PRESSFIELD, AUTOR DE LOS SUPERVENTAS
LA GUERRA DEL ARTE Y *EL CAMINO DEL ARTISTA*

Ryan es un sabio de la autoayuda. En la actualidad es un gurú muy solicitado por los entrenadores de la NFL, los atletas olímpicos, las estrellas del *hip-hop* o los empresarios de Silicon Valley. Traduce el estoicismo, que en la Antigüedad tenía entre sus adeptos a emperadores y estadistas, en frases precisas y anécdotas digeribles para el público del siglo XXI».

ALEXANDRA ALTER, *NEW YORK TIMES*

«Holiday es un pensador original y creativo al que le gusta tomar riesgos».

NEW YORK TIMES BOOK REVIEW

«Mi vida no está regida por muchas normas, pero una que nunca rompo es: si Ryan Holiday escribe un libro, lo leo tan pronto como pueda tenerlo en mis manos».

BRIAN KOPPELMAN, GUIONISTA Y DIRECTOR
DE *ROUNDERS, OCEAN'S THIRTEEN* Y *BILLIONS*

«Ryan Holiday es uno de los jóvenes escritores más prometedores de su generación».

GEORGE RAVELING, MIEMBRO DEL SALÓN DE LA FAMA DEL BALONCESTO Y DIRECTOR INTERNACIONAL DEL BALONCESTO DE NIKE

LA QUIETUD
ES LA CLAVE

RYAN HOLIDAY

REVERTÉ MANAGEMENT

La quietud es la clave
Stillness is the Key

© 2019, Ryan Holiday
Publicado según acuerdo con Portfolio, un sello de Penguin
Publishing Group, una división de Penguin Random House, LLC

© Editorial Reverté, S. A., 2024, 2025
Loreto 13-15, Local B. 08029 Barcelona – España
revertemanagement.com

2ª impresión: octubre 2025

Edición en papel
ISBN: 978-84-10121-13-3

Edición ebook
ISBN: 978-84-291-9569-9 (ePub)
ISBN: 978-84-291-9570-5 (PDF)

Editores: Ariela Rodríguez / Ramón Reverté
Coordinación editorial y maquetación: Patricia Reverté
Traducción: Enrique Mercado
Revisión de textos: Genís Monrabà Bueno

Diseño cubierta: Karl Spurzem
Imagen cubierta: Hein Nouwens / iStock / Getty Images Plus

Impreso en España – *Printed in Spain*
Depósito legal: B 11490-2024

Impresión: Liberdúplex
Barcelona – España

#121

La batalla es intensa, la tarea divina: alcanzar la maestría en el control, la libertad, la felicidad y la tranquilidad.

EPICTETO

CONTENIDOS

PARTE II. EL ESPÍRITU

PARTE III. EL CUERPO

PREFACIO

En los últimos años del siglo I d.C., Lucio Anneo Séneca, la persona con más influencia política de Roma, el principal dramaturgo vivo de esa ciudad y su más sabio filósofo, tenía dificultades para trabajar.

El problema provenía del atronador y apabullante ruido que llegaba desde la avenida.

Roma siempre había sido una ciudad ruidosa —imagina el bullicio de las obras en Nueva York—, pero la manzana donde vivía Séneca se había convertido en una continua cacofonía ensordecedora. Unos atletas hacían ejercicio en el gimnasio debajo de su habitación, donde dejaban caer pesas al suelo. Una masajista aporreaba las espaldas de hombres obesos ya entrados en años. Los nadadores chapoteaban en el agua. A la entrada del edificio acababa de ser arrestado un ladronzuelo que había montado el numerito. Los carruajes retumbaban a su paso por las empedradas calles, mientras los carpinteros martilleaban en sus talleres y los vendedores pregonaban sus mercancías a gritos. Los niños jugaban y reían, y los perros ladraban.

A ese estruendo que entraba por la ventana había que sumar el simple hecho de que Séneca pasaba por un mal momento, salía de una crisis para entrar en otra. Los acontecimientos en ultramar amenazaban sus finanzas. Él sentía que estaba envejeciendo. Sus enemigos lo habían expulsado de la política, y su reciente enemistad con Nerón significaba que —si al emperador se le antojaba— este podía ordenar que le cortaran la cabeza.

Desde la perspectiva de nuestra muy agitada vida, podemos suponer que aquellas no eran las condiciones ideales para que un ser humano iniciara un proyecto. Eran unas condiciones poco propicias para pensar, crear, escribir o tomar buenas decisiones. El ruido y las distracciones del imperio bastaban «para hacerme odiar incluso mis facultades auditivas», confió Séneca a un amigo.

Pero, por una buena razón, esta escena ha atraído la atención de admiradores durante siglos. ¿Cómo aquel hombre abrumado por la adversidad y la dificultad no solo no se volviera loco, sino que realmente encontrara la serenidad para pensar con claridad y escribir ensayos incisivos y perfectamente elaborados, algunos en esa misma habitación, que llegaron a millones de personas, pues desvelan verdades que muy pocos habían descubierto?

«He templado mis nervios contra todo tipo de amenazas», explicó Séneca a su amigo acerca del ruido. «Fuerzo a mi mente a concentrarse y evito que divague. Es posible que en el exterior haya un auténtico alboroto, pero siempre procuro que no haya ningún disturbio en mi interior».

¿Acaso no es eso lo que todos ansiamos? ¡Cuánta disciplina, cuánta concentración! ¿No queremos poder desconectarnos de lo que nos rodea y utilizar nuestras facultades al máximo de su capacidad en todo momento y lugar pese a las dificultades? ¡Sería maravilloso! ¡Haríamos prodigios! ¡Seríamos mucho más felices!

Para Séneca y otros adeptos a la filosofía estoica, una persona es capaz de pensar bien, trabajar bien y estar bien, si puede desarrollar su paz interior —alcanzar la *apatheia*, como ellos la llamaban—, aunque el mundo esté en guerra. «Puedes estar seguro de que estás en paz contigo mismo», escribió Séneca, «cuando ningún ruido te molesta y ninguna palabra te distrae, así se trate de un halago, una amenaza o un mero y persistente zumbido». En estas condiciones, nada podía alterar a los estoicos —ni siquiera un emperador perturbado—, ninguna emoción podía inquietarlos, ninguna amenaza era capaz de detenerlos y disponían para su vital disfrute de cada instante del presente.

Esta seductora idea resulta todavía más valiosa si se considera el notable hecho de que casi todos los filósofos de la Antigüedad —a pesar de sus diferencias o de la distancia que los separaba— llegaron justamente a esa misma conclusión.

Si hubieras sido pupilo de Confucio en el año 500 a.C.; como alumno del filósofo griego Demócrito cien años después, o uno de los asiduos al huerto de Epicuro una generación más tarde, de todos esos maestros habrías escuchado enfáticas llamadas a la imperturbabilidad, la calma y la tranquilidad.

La palabra budista que designa este concepto es *upekkha*. Los musulmanes hablaban del *aslama*. Los hebreos, del *hishtavut*. El segundo libro de la Bhagavad Gita, el poema épico del guerrero Arjuna, se refiere al *samatvam*, un «equilibrio de la mente, una paz que es siempre la misma». Los griegos hablaban de *euthymia* y *hesychia*. Los epicúreos, de *ataraxia*; los cristianos, de *aequanimitas*.

Nosotros hablamos de *quietud*.

De mantener la calma mientras el mundo gira a tu alrededor. De actuar sin frenesí. De solo escuchar lo que debes escuchar. De disponer de sosiego —por dentro y por fuera— a voluntad.

De tener acceso al *dao* y al *logos*. La Palabra. El Camino.

Budismo, estoicismo, epicureísmo, cristianismo, hinduismo: es casi imposible mencionar una escuela filosófica o religiosa que no venere la paz interior —la *quietud*— como el mayor de los bienes y la clave para un desempeño excepcional y una vida feliz.

Y cuando básicamente *toda* la sabiduría de la Antigüedad está de acuerdo en algo, solo un necio se negaría a hacerle caso.

INTRODUCCIÓN

La llamada a la quietud nos llega desde el silencio. Pero el mundo moderno, no nos lo pone fácil.

Aparte del ruido, el parloteo, las intrigas y las pugnas internas, que les serían familiares a los ciudadanos de la época de Séneca, nosotros tenemos el claxon de los automóviles, los estéreos, las alarmas de los teléfonos móviles, las notificaciones de las redes sociales, las motosierras, los aviones...

Nuestros problemas personales y profesionales son igualmente asfixiantes. Nuestra industria es muy competitiva. Nuestro escritorio está repleto de papeles y nuestras bandejas de entrada se llenan de mensajes. Estamos disponibles en todo momento, por lo que las actualizaciones y los chats nos invaden. Se nos bombardea con noticias y una alerta tras otra en cada una de las pantallas que poseemos, y son muchas. La rutina laboral nos desgasta y no se detiene jamás. Estamos sobrealimentados y desnutridos. Sobreestimulados, sobrecargados de compromisos y solos.

¿Quién de nosotros puede hacer un alto en estas condiciones? ¿Quién tiene tiempo para pensar? ¿Acaso existe alguien a quien no le afecten el ruido y los trastornos de nuestro tiempo?

Aunque la complejidad y la urgencia que invade nuestras vidas sea un fenómeno moderno, en realidad tiene sus raíces en un problema inmemorial. La historia demuestra que la capacidad de cultivar el silencio, sofocar la agitación de nuestro interior, apaciguar la mente, comprender nuestras emociones y controlar el cuerpo ha sido desde siempre muy difícil de alcanzar. «Todos los problemas de la humanidad», dijo Blaise Pascal en 1654, «se deben a que el hombre es incapaz de permanecer callado en una habitación».

Si tal y como vemos en el campo de la evolución especies distintas —como las aves y los murciélagos— han creado adaptaciones similares para sobrevivir, lo mismo podría decirse de las escuelas filosóficas que, separadas por vastos océanos y enormes distancias, han coincidido en un precepto fundamental: la quietud es necesaria para que el ser humano se convierta en amo de su existencia; para que sobreviva y prospere en cualquier medio, por ruidoso o agitado que sea.

La idea de la quietud no es una necedad sensiblera de la New Age o exclusiva de los monjes y los sabios, sino algo urgente e indispensable para todos, ya sea que dirijamos fondos de inversión, juguemos una Super Bowl, hagamos investigaciones pioneras o formemos una familia. La quietud es un camino hacia la iluminación y la excelencia, hacia la grandeza y la felicidad, hacia el buen desempeño y la presencia para *cualquier tipo de personas.*

La quietud dota de puntería a la flecha del arquero, inspira nuevas ideas, agudiza la perspectiva e ilumina los vínculos, sitúa la pelota en el lugar adecuado para que podamos darle un buen golpe, genera una visión, nos ayuda a resistir las pasiones comunes, abre un espacio a la gratitud y el asombro, nos permite perseverar y triunfar. Es la clave que nos da acceso a las revelaciones del genio y nos permite comprenderlas, pese a que seamos personas normales y corrientes.

Este libro te indicará cómo encontrar esa clave… y es también una invitación para que alcances la quietud y la irradies como una estrella —como hace el Sol— sobre un mundo, el nuestro, hoy más que nunca necesitado de luz.

La clave de todo

Durante los primeros días de la Guerra de Secesión Americana, hubo muchos planes diferentes de cómo alcanzar la victoria y muchos candidatos para llevarlos a cabo. De boca de cada general y después de cada batalla, era inagotable la retahíla de críticas y exaltados arrebatos en los que prevalecían la paranoia y el miedo, el ego y la arrogancia, y había muy poco espacio para la esperanza.

Existe una escena significativa de uno de esos tensos momentos iniciales, cuando Abraham Lincoln se dirigió a un grupo de generales y políticos en su oficina de la Casa Blanca. En aquel entonces, la mayoría de la gente creía que esa guerra solo podría ganarse con grandes batallas y con el consecuente derramamiento de sangre en las ciudades más populosas del país, como Richmond, Nueva Orleans o incluso Washington D. C.

Lincoln, que había aprendido estrategia militar a través del meticuloso estudio de libros que sacaba de la Biblioteca del Congreso, desplegó un mapa sobre una mesa enorme y señaló con su dedo sobre un punto: Vicksburg, Misisipi, una pequeña localidad al sur del territorio. Se trataba de una ciudad fortificada en lo alto de los despeñaderos del río Misisipi que estaba bajo el control de las más experimentadas tropas rebeldes. No solo controlaba la navegación de esa importante vía fluvial, sino que era también el punto de unión de otros destacados afluentes, así como de las líneas ferroviarias que abastecían a los ejércitos confederados y a las grandes plantaciones esclavistas del sur.

«La clave es Vicksburg», dijo Lincoln a aquel grupo, con la certidumbre de quien había estudiado tan a fondo el asunto que era capaz de expresarlo en los términos más simples. «Esta guerra nunca llegará a su fin si no tomamos ese enclave».

La historia le dio la razón. Aquella estrategia demandó muchos años, una gran dosis de paciencia y un compromiso férreo con la causa, pero el plan que Lincoln había expuesto en dicha sala fue determinante para ganar la guerra y acabar para siempre con la esclavitud en Estados Unidos. Todas las demás victorias importantes de la Guerra Civil, desde Gettysburg hasta la rendición de Lee, fueron posibles gracias a la orden que le dio Lincoln a Ulises S. Grant para que sitiara Vicksburg en 1863. Al tomar la ciudad, el Sur se partió en dos, y Lincoln obtuvo el control de esa importante vía fluvial. Gracias a su reflexiva e intuitiva manera de ser, huyendo de precipitaciones y distracciones, Lincoln vio y se aferró a algo que sus propios asesores, e incluso su enemigo, habían pasado por alto. Gracias a ese proceder dio con lo que sería la clave de la victoria, alejada del rencor y la insensatez de todos los demás planes propuestos.

Nosotros afrontamos en nuestra vida un buen número de problemas, opiniones encontradas y prioridades que tiran de nosotros en todas direcciones. El camino hacia nuestra meta, personal y profesional, está repleto de obstáculos y enemigos. Martin Luther King Jr. observó que en el interior de cada persona se libra una violenta batalla entre sus impulsos buenos y malos, entre sus ambiciones y sus principios, entre lo que podemos llegar a ser y lo difícil que resulta conseguirlo.

En esas batallas, en esa guerra, la quietud representa ese enclave estratégico tan importante en el que confluyen ríos y vías férreas. *Es la clave…*

Pensar con claridad.

Ver el tablero de ajedrez completo.

Tomar decisiones difíciles.

Controlar nuestras emociones.

Identificar las metas apropiadas.

Manejar situaciones bajo intensa presión.

Mantener relaciones.

Crear buenos hábitos.

Ser productivos.

Alcanzar la excelencia física.

Sentirnos realizados.

Gozar de los momentos de risa y regocijo.

La quietud es la clave para prácticamente todo.

Para ser un mejor padre, artista, inversor, atleta, científico, ser humano. Para lograr aquello de lo que somos capaces en esta vida.

La quietud puede ser tuya

Cualquiera que se haya concentrado profundamente en un problema y un destello de agudeza o inspiración se le haya presentado de repente, conoce la quietud. Cualquiera que haya puesto lo mejor de sí mismo en algún proyecto y se sienta orgulloso de su trabajo sabe qué es la quietud. Cualquiera que haya estado ante el público, con la mirada de la multitud sobre él y haya concentrado todo su aprendizaje en un solo momento de su actuación, incluso si eso implica un ejercicio activo, conoce la quietud. Cualquiera que haya pasado tiempo con una persona sabia, y haya visto cómo resuelve un problema en dos segundos, conoce la quietud. Cualquiera que haya paseado solo por la noche por una calle tranquila, y se haya alegrado de estar vivo al observar cómo caían los copos de nieve, también conoce la quietud.

Partir de una página en blanco y ver acumularse en ella palabras que componen una prosa perfecta y de inexplicable origen, pararse sobre la blanca y fina arena a mirar el mar o cualquier otro elemento de la naturaleza y sentirse parte de algo mayor a uno mismo, pasar una noche tranquila con un ser querido, sentir la satisfacción de hacer una buena obra en beneficio de alguien, estar solo en compañía de los propios pensamientos y experimentar plenamente la capacidad de tenerlos, eso es la *quietud*.

Es evidente que el fenómeno al que nos referimos resulta casi indescriptible. El poeta Rainer Maria Rilke explicó la quietud «plena, completa» como una experiencia en la que «todo lo casual y próximo enmudece».

«Aunque hablamos de alcanzar el *dao*», dijo Lao-Tsé en una ocasión, «no hay nada que perseguir». O tomando prestada la respuesta de un maestro sobre dónde se podía hallar el zen: «Buscas un buey encima del cual estás ya sentado».

Has probado la quietud en el pasado. La has sentido en tu alma. Y deseas más.

Necesitas más.

Por eso, el propósito de este libro es enseñarte a descubrir y utilizar la quietud que ya posees. Trata del cultivo y el rescate de esa poderosa fuerza que recibimos al nacer, la cual se ha atrofiado en medio de nuestra agitada vida moderna. Es un intento por contestar la apremiante pregunta de nuestro tiempo: si los momentos de serenidad son los mejores y tantas personas sabias y virtuosas han descrito sus virtudes, ¿por qué son tan escasos?

La respuesta es que, aunque somos por naturaleza dueños de la quietud, no es fácil que tengamos acceso a ella. Debemos escuchar con atención para oír su voz. Y responder a su llamado requiere vigor y maestría. «Mantener la mente en paz es una disciplina compleja», recordó en su diario el desaparecido comediante Garry Shandling en una época en la que intentaba controlar su fama, su fortuna y su salud. «Y debe enfrentarse con un compromiso absoluto».

En las páginas siguientes se narran los casos y estrategias de hombres y mujeres como tú, que lucharon contra el ruido y las responsabilidades de la vida, pero que tuvieron éxito en la búsqueda de la quietud y en cómo emplearla. Conocerás anécdotas de los triunfos y tribulaciones de John F. Kennedy y Fred Rogers, de Ana Frank y de la reina Victoria. Habrá también relatos sobre Jesús, Tiger Woods, Sócrates, Napoleón, el compositor John Cage, Sadaharu Oh, Rosanne Cash, Dorothy Day, Buda, Leonardo da Vinci y Marco Aurelio.

Hemos recurrido a poemas y novelas por igual, a textos filosóficos y a investigaciones científicas. Hemos explorado todas las épocas y escuelas en las que podemos encontrar estrategias que nos ayuden a gobernar nuestros pensamientos, procesar las emociones y dominar nuestro cuerpo. En consecuencia, podremos hacer menos… para lograr más. Y lograr más para necesitar menos. Sentirnos mejor y ser mejores al mismo tiempo.

Para alcanzar la quietud debemos concentrarnos en tres ámbitos, la eterna trinidad: mente, cuerpo y espíritu, o la cabeza, el corazón y la carne.

En cada uno de esos ámbitos, procuraremos reducir las perturbaciones y los disturbios que hacen imposible la quietud. Dejaremos de estar en guerra con el mundo y con nosotros mismos, y en su lugar alcanzaremos una paz interior y exterior duraderas.

Sabes que esto es lo que necesitas… y te lo mereces. Por eso elegiste este libro.

Así, respondamos juntos a la llamada. Encontrémonos y sumerjámonos en la quietud que buscamos.

PARTE I

MENTE ♦ ESPÍRITU ♦ CUERPO

La mente es inquieta, Krishna, impetuosa, obstinada, difícil de educar. Dominarla es tan complejo como dominar los vientos huracanados.

BHAGAVAD GITA

EL ÁMBITO DE LA MENTE

El mundo entero cambió en las pocas horas transcurridas desde el momento en que John F. Kennedy se fue a dormir la noche del 15 de octubre de 1962 y la hora en que despertó a la mañana siguiente.

Porque mientras el presidente de Estados Unidos descansaba, la CIA confirmó que se hallaba en marcha la construcción de plataformas para misiles balísticos nucleares soviéticos de mediano y largo alcance en la isla de Cuba, a apenas ciento cincuenta kilómetros de la costa estadounidense. Como el propio Kennedy diría días después a su atónito pueblo: «Cada uno de esos proyectiles es capaz de alcanzar a Washington D. C., al canal de Panamá, a Cabo Cañaveral, a la Ciudad de México o a cualquier otra urbe del sureste de nuestra nación, de América Central o del Caribe».

Mientras recibía el primer informe de lo que ahora se conoce como la «crisis de los misiles» —o los Trece Días—, Kennedy evaluó todo lo que estaba en juego. Hasta setenta millones de personas podían perder la vida en los primeros ataques entre Estados Unidos y Rusia. Eso no dejaba de ser una simple conjetura; a ciencia cierta nadie sabía lo terrible que podía ser una guerra nuclear.

Pero él estaba seguro de que se enfrentaba a una escalada sin precedentes de la Guerra Fría gestada entre su país y la URSS. Y, cualesquiera que fueran los factores que habían contribuido a su creación y por ineludible que la guerra pareciera, a él le correspondía *evitar que las cosas empeoraran*, porque eso podía significar el fin de la vida en el planeta Tierra.

Kennedy era entonces un joven presidente que nació rodeado de privilegios y que fue educado por un ambicioso padre que no soportaba perder, en el seno de una familia cuyo lema era: «No te enfades, véngate». Prácticamente, sin ningún tipo de experiencia de liderazgo previa, no fue ninguna sorpresa que el primer año y medio de su gobierno no fuera bien.

En abril de 1961, Kennedy había fallado estrepitosamente en su intento de invadir Cuba y derrocar a Fidel Castro en la bahía de Cochinos. Apenas unos meses más tarde, el dirigente ruso Nikita Kruschev lo derrotó diplomáticamente en las reuniones que sostuvieron en Viena (se referiría después a esa experiencia como «la más penosa de mi vida»). Conociendo la debilidad política de su adversario e intuyendo la fragilidad crónica que padecía Kennedy a causa del mal de Addison y los dolores de espalda que sufría tras la Segunda Guerra Mundial, Kruschev le mintió repetidamente acerca de las armas desplegadas en Cuba e insistió en que el propósito de estas era puramente defensivo.

Esto equivale a decir que durante la crisis de los misiles Kennedy se enfrentó —como tendrá que hacerlo en algún momento todo líder a lo largo de su mandato— a una muy difícil prueba en medio de complejas circunstancias políticas y personales. Las preguntas no cesaban: ¿Por qué Kruschev haría algo así? ¿Cuál era el objetivo que perseguía? ¿Qué se proponía conseguir? ¿Había alguna manera de resolver ese conflicto? ¿Qué opinaban los asesores del presidente? ¿Qué opciones tenía? ¿Estaría a la altura de la contienda? ¿Poseía las cualidades que esta demandaba?

El destino de millones de personas dependía de las respuestas que Kennedy diera a todos estos interrogantes.

El consejo de sus asesores fue rotundo y contundente: aquellas bases de misiles debían ser destruidas con todo el poderío del arsenal militar estadounidense. Cada segundo que pasaba ponía en riesgo la seguridad y el prestigio de la nación. Después de un ataque sorpresa contra las bases de misiles, sería preciso invadir Cuba a gran escala. Aseguraron que esta actuación estaba más que justificada por las acciones de la URSS y Cuba; además, era su *única* opción.

La lógica era rotunda y apremiante: la agresión debía enfrentarse con agresión. Ojo por ojo, diente por diente.

El único problema era que, si dicha lógica resultaba equivocada, no habría nadie que asumiera la responsabilidad de ese error, porque todos estarían muertos.

En contraste con los inicios de su periodo presidencial, cuando la CIA lo forzó a apoyar el fiasco de bahía de Cochinos, esta vez Kennedy asombró a todos cuando salió en su defensa. Recientemente había leído *Los cañones de agosto: treinta y un días de 1914 que cambiaron la faz del mundo*, de Barbara Tuchman, libro sobre los orígenes de la Primera Guerra Mundial y que le hizo reflexionar sobre el exceso de confianza que provocó que una serie de líderes precipitasen al mundo a un conflicto bélico de enormes proporciones, que una vez iniciado fueron incapaces de detener. Kennedy quería que todos tomaran las cosas con calma para que pudieran reflexionar a fondo sobre el problema que estaban afrontando.

De hecho, este es el primer deber de un líder o un dirigente: nuestro objetivo no consiste en «seguir nuestros instintos» o en dejarnos llevar por la primera impresión de un asunto. No, debemos ser lo bastante fuertes para resistirnos al impulso de pensar que esa primera impresión será acertada y oportuna, porque casi siempre estará equivocada. Si el líder no puede tomarse un tiempo para desarrollar una idea clara de la situación, ¿quién lo hará entonces? Si no es él quien reflexiona sobre las consecuencias últimas, ¿quién lo hará?

En las notas manuscritas que Kennedy tomó durante esa crisis es perceptible un proceso de reflexión en el que intentó hacer precisamente eso.

En un sinnúmero de páginas escribió: «Misiles. Misiles. Misiles», «Veto. Veto. Veto. Veto» o «Líderes. Líderes. Líderes». En una de ellas expresó su deseo de no actuar en solitario o de manera egoísta: «Consenso. Consenso. Consenso. Consenso. Consenso. Consenso». En un cuaderno amarillo dibujó durante una junta dos veleros, para apaciguarse con pensamientos del mar que tanto amaba. Por último, en papelería oficial de la Casa Blanca, y como para dejar constancia de qué era lo único que importaba, redactó una breve frase: «*Exigiremos* la retirada de los misiles».

Quizás en sus reuniones con sus asesores y mientras hacía sus garabatos, Kennedy recordó un pasaje de otro libro sobre táctica nuclear, del estratega B. H. Liddell Hart. En la reseña de la obra de Hart que él mismo había escrito años antes para la *Saturday Review of Literature* citó el siguiente pasaje:

> De ser posible, mantente fuerte, o por lo menos conserva la calma. Ten una paciencia ilimitada. Nunca acorrales a tu adversario, ayúdalo siempre a guardar las apariencias. Ponte en sus zapatos, ve las cosas a través de sus ojos. Evita a toda costa la hipocresía; nada ciega tanto como esto.

Ese fue justo su lema durante la crisis de los misiles. «Creo que deberíamos meditar en los motivos por los cuales los rusos hicieron esto», dijo a sus asesores. *¿Cuál es la ventaja que quieren obtener?*, preguntó con un interés genuino. «Debe existir una razón importante para que los soviéticos hayan planeado esto». Como escribió Arthur Schlesinger Jr., su biógrafo y consejero: «Con su aptitud para comprender los problemas ajenos, el presidente fue capaz de advertir que el Kremlin tenía una visión del mundo amenazadora».

Esta comprensión le ayudó a responder con acierto a esa provocación peligrosa e inesperada y le dio algunos indicios acerca de cómo reaccionarían los soviéticos.

Dilucidó que Kruschev había desplegado los misiles en Cuba porque lo creía débil. No obstante, eso no quería decir que los rusos pensaran que su posición era particularmente fuerte. Kennedy entendió que solo una nación desesperada correría un riesgo de esa naturaleza. Bajo tal discernimiento, que obtuvo mediante extensas conversaciones con su equipo —llamado ExComm—, formuló un plan de acción.

Claramente, un ataque militar era la más irrevocable de todas las opciones —aunque, según sus asesores, no estaba claro que fuera a ser cien por ciento efectiva—. ¿Qué sucedería después?, se preguntó el presidente. ¿Cuántos soldados perderían la vida en una invasión? ¿Cómo reaccionaría el mundo al hecho de que una superpotencia invadiera un país pequeño, para desactivar una amenaza nuclear? ¿Cómo actuarían los rusos para guardar las apariencias o proteger a sus soldados en la isla?

Estos interrogantes llevaron a Kennedy a proponer un bloqueo contra Cuba. Casi la mitad de sus asesores se opusieron a esta medida poco agresiva, pero él la impulsó porque mantenía abiertas sus opciones.

El bloqueo también encarnaba la sabiduría de una de las expresiones favoritas de Kennedy: el tiempo como aliado. Concedía a ambos bandos la posibilidad de sopesar lo que estaba en juego en esa crisis y brindaba a Kruschev la oportunidad de reevaluar la supuesta debilidad del presidente de Estados Unidos.

Algunos criticaron después aquella decisión de Kennedy. ¿Para qué desafiar a Rusia? ¿Por qué los misiles constituían un problema tan grande? ¿Acaso no era cierto que un buen número de proyectiles estadounidenses apuntaban a objetivos soviéticos? Kennedy no era insensible a este argumento, pero como explicó al país en su discurso del 22 de octubre, no estaba dispuesto a ceder:

> La década de los años treinta nos legó una lección muy clara: si se permite la adopción de una conducta agresiva sin ponerle freno, el resultado último será la guerra. Esta nación se opone a la guerra y cumplirá su palabra. Nuestro objetivo irrenunciable debe ser impedir que esos misiles sean usados contra nuestro país o cualquier otro y asegurar su retirada o eliminación del hemisferio occidental. […] No arriesgaremos prematura ni innecesariamente los costes de una guerra nuclear mundial, en la que aun los frutos de la victoria dejarían un sabor amargo en nuestra boca, pero tampoco nos acobardaremos ante ese riesgo si debemos enfrentarlo.

Lo más sobresaliente de esta conclusión es que Kennedy llegó a ella con serenidad. Pese al estrés de la situación, en cintas, transcripciones y fotografías de la época se constata que todos los involucrados hicieron gala de apertura y colaboración. No hubo riñas, nadie alzó la voz. No hubo dedos acusadores —y, cuando las cosas se ponían tensas, Kennedy las aligeraba con risas—. El presidente no permitió que su ego, ni el de nadie más, se impusiera en las conversaciones. Cuando sentía que su presencia impedía que sus asesores hablaran con franqueza, abandonaba la sala para que debatieran y aportaran ideas libremente. Por encima de fronteras partidistas y rivalidades del pasado, consultó a los tres expresidentes vivos e invitó al exsecretario de Estado Dean Acheson a las reuniones ultrasecretas.

En los momentos más difíciles, buscó la soledad en el Rose Garden de la Casa Blanca —más tarde, agradeció al jardinero sus importantes contribuciones durante la crisis). Practicaba largas sesiones de natación para despejar su mente y cavilar. Se sentaba en su mecedora del Despacho Oval para que la abundante luz que entraba por la ventana aliviara su dolor de espalda, a fin de que este no contribuyera a la bruma de la guerra (fría) que tanto cegaba a Washington y a Moscú.

Hay una fotografía de ese periodo en la que Kennedy aparece encorvado de espaldas a la sala y apoyando los puños en el inmenso escritorio que millones de votantes habían elegido que ocupara él. Es el retrato de un hombre con el destino del mundo a cuestas. Una superpotencia nuclear lo había provocado en un acto imprevisto y de mala fe. Los críticos pusieron en duda su valor. Hubo reproches políticos y personales, además de otros factores que no todo el mundo estaría dispuesto a tolerar.

Pero él no permitió que nada de eso lo presionara. Nada de eso nubló su juicio ni lo disuadió de tomar la decisión correcta. Era el sujeto más tranquilo de todos los que estaban en esa sala.

Tenía la obligación de permanecer así, porque el bloqueo *sería* solo el primer paso. Más tarde vendría el anuncio y la entrada en vigor de la zona de exclusión de ochocientos kilómetros alrededor de Cuba —acto que, en un arranque de lucidez, Kennedy bautizó como «cuarentena», para bajar el tono a las ofensivas implicaciones asociadas al concepto de «bloqueo»—. Habría nuevas y beligerantes acusaciones de los rusos y confrontaciones en la ONU. Los líderes del congreso expresaron sus dudas. Habría que movilizar a cien mil soldados en Florida, como medida de precaución.

Entonces llegaron las verdaderas provocaciones. Un buque cisterna ruso se acercó a la línea de cuarentena. Emergieron submarinos soviéticos. Un avión espía U-2 estadounidense fue derribado en Cuba, lo que costó la vida al piloto.

Los dos países más grandes y poderosos del mundo se encontraban frente a frente. Era algo más amenazador y aterrador de lo que parecía; algunos misiles soviéticos se hallaban listos y completamente armados, no parcialmente ensamblados como se pensó en un principio. Y, pese a que esa información no era de dominio público, el peligro atroz era *palpable*.

¿Kennedy se dejaría vencer por sus emociones? ¿Titubearía? ¿Se doblegaría?

No lo hizo.

«Lo que más me preocupa no es dar el primer paso», les dijo a sus asesores, «sino que ambos bandos lleguemos al cuarto o quinto paso pero que jamás lleguemos al sexto, porque ya no quedará nadie que lo ejecute. No olvidemos que estamos a punto de embarcarnos en un asunto de la más alta peligrosidad».

El espacio que Kennedy concedió a Kruschev para que pensara y respirara dio sus frutos justo a tiempo. El 26 de octubre, once días después del inicio de la crisis, el dirigente soviético le escribió una misiva en la que decía que se daba cuenta de que ambos tiraban de una cuerda con un nudo en medio, un nudo de guerra. Y que, cuanto más estiraba cada uno desde un extremo, menos probable era que lo deshicieran, y al final no tendrían otra opción que cortar la cuerda con una espada. Añadió una analogía más evidente aún, tan cierta en geopolítica como en la vida diaria: «Si no exhibimos cordura como estadistas», dijo, «llegará un momento en el que chocaremos como topos ciegos, tras lo cual comenzará la mutua aniquilación».

La crisis terminó tan rápido como había empezado. Los rusos se percataron de que su postura era insostenible y de que su percepción de la fortaleza estadounidense había sido errónea, así que se mostraron dispuestos a negociar y retirar los misiles. Los barcos pararon en seco en el mar. Kennedy estaba preparado también; se comprometió a no invadir Cuba, lo que representó una victoria para los rusos y sus aliados. En secreto, hizo saber asimismo que aceptaría retirar misiles estadounidenses de Turquía, aunque lo haría en el curso de varios meses, para no dar la impresión de estar siendo obligado a abandonar a un aliado.

Con un pensamiento claro, sabiduría, paciencia y una visión aguda para identificar la raíz de una provocación tan compleja, Kennedy salvó al mundo de un holocausto nuclear.

Podría afirmarse que, aunque solo fuera durante ese corto periodo de poco menos de dos semanas, Kennedy consiguió acceder el estado de claridad al que alude el antiguo texto chino *Daodejing*. Mientras contemplaba la aniquilación nuclear, estaba:

Atento como quien cruza un río cubierto de hielo.
Alerta como un guerrero en territorio enemigo.
Cortés como un anfitrión.
Fluido como el hielo derretido.

Moldeable como un bloque de madera.
Receptivo como un valle.
Claro como un vaso de agua.

Los taoístas dirían que aquietó las fangosas aguas de su mente hasta que le fue posible ver a través de ellas. O, tomando prestada la imagen sugerida por el emperador Marco Aurelio, filósofo estoico testigo de incontables crisis y desafíos, Kennedy fue «el promontorio contra el que sin cesar se baten las olas. Este se mantiene firme, y en torno a él se adormece la espuma del oleaje».

Cada uno de nosotros hemos de afrontar crisis en la vida. A simple vista, puede que parezca poco lo que está en juego, pero nos resultará importante: una empresa al borde de la quiebra, un divorcio amargo, una decisión sobre nuestro futuro profesional, un instante en que todo depende de nosotros. Son situaciones que requerirán todos nuestros recursos mentales. Una respuesta emocional reactiva —mal concebida, impetuosa— no será la adecuada. No lo será si queremos hacer las cosas bien. Si deseamos desempeñarnos lo mejor posible.

Es entonces cuando necesitaremos de la misma quietud de la que se valió Kennedy; de su serenidad, su amplitud de miras, su empatía; de su claridad acerca de lo que realmente importaba.

En situaciones así, debemos:

- Estar plenamente presentes.
- Eliminar ideas preconcebidas de nuestra mente.
- Darnos tiempo.

- Reflexionar en silencio.
- Rechazar todas las distracciones.
- Comparar las recomendaciones que recibimos con el consejo que nuestras convicciones nos ofrecen.
- Deliberar sin paralizarnos.

Tenemos que cultivar la quietud mental si queremos triunfar en la vida y sortear con éxito las abundantes crisis que se cruzarán en nuestro camino.

No será fácil, pero es esencial que lo hagamos.

Durante el resto de su corta vida, a Kennedy le preocupó que la gente sacara conclusiones erróneas de cómo había actuado durante la crisis de los misiles. No se alzó contra los soviéticos ni los amenazó con armas más potentes hasta que retrocedieran. Al contrario, un liderazgo pacífico y racional prevaleció sobre las voces ásperas y temerarias. La crisis se resolvió gracias al dominio que ejerció Kennedy sobre su pensamiento y sobre el de sus subordinados, y aquellos eran los rasgos a los que Estados Unidos debía apelar repetidamente en los años venideros. La conclusión no era una lección de *fuerza*, sino del poder de la paciencia, combinando la confianza y la humildad, la previsión y la presencia, la empatía y la convicción imperturbable, la moderación y la firmeza, la silenciosa soledad y los consejos sabios.

¿Cuánto mejor sería el mundo con dosis más grandes de esta conducta? ¿Cuánto mejor sería tu vida?

Al igual que Lincoln, Kennedy no nació dotado de quietud. Cuando era bachiller fue un alborotador y un apasionado durante casi toda su vida universitaria, e incluso como senador. Tenía sus demonios y había cometido múltiples errores. Pero con un esfuerzo constante —que tú también eres capaz de hacer— superó esas deficiencias y desarrolló la ecuanimidad que tanto le sirvió en esos inquietantes trece días. Fue un trabajo desarrollado en unas cuantas categorías que casi todos descuidamos.

Allí dirigiremos ahora nuestra atención —al dominio de lo que en esta sección llamaremos «el ámbito de la mente»—, porque todo lo que hagamos dependerá de lo bien que cumplamos este propósito.

ESTAR PRESENTE

¡No confíes en un bello futuro!
¡Que el pasado sepulte a sus muertos!
¡Actúa en el presente indudable!
¡De todo corazón y con Dios dentro!

HENRY WADSWORTH LONGFELLOW

En el 2010, la decisión de titular la retrospectiva que recogía cuatro décadas de trabajo de Marina Abramović como *La artista está presente* predestinó la monumental *performance* que tendría lugar en el MoMa de Nueva York. Naturalmente, Marina tendría que estar presente de una forma u otra.

Pese a todo, nadie se habría atrevido a pensar que iba a estar tan literalmente presente.

¿Quién podía concebir que un ser humano sería capaz de sentarse en una silla, completamente quieto y en silencio, durante un total de 750 horas a lo largo de 79 días frente a 1.545

desconocidos sin otra ayuda que una vía de acceso para ir al baño? ¿Alguien querría hacer algo así? ¿Lo conseguiría?

Como dijo Ulay, antiguo amante y colaborador de Marina, cuando se le preguntó qué pensaba acerca de esa posibilidad: «No tengo opiniones, solo respeto».

La *performance* fue tan simple como directa. Marina Abramović, de 63 años, con su largo cabello trenzado sobre el hombro entraba a una sala cavernosa, se sentaba en una dura silla de madera y sencillamente miraba a la persona que estuviera ante ella. Desfilaron miles de personas una tras otra, hora tras hora, todos los días durante casi tres meses. En cada ocasión, Marina bajaba la vista, se preparaba y miraba una cara nueva.

Como diría ella misma acerca de su arte: «La propuesta aquí se reduce a vaciar el yo. A ser capaz de estar presente».

¿De verdad es tan difícil estar presente? ¿Qué hay de especial en eso?

Nadie de los que se sentaron frente a ella se hizo este tipo de preguntas. Para las almas que tuvieron la fortuna de ver en persona esa *performance*, fue una experiencia casi religiosa. Experimentar en su totalidad a otra persona en un momento dado es algo extraño. Sentir que conecta contigo, que te da toda su energía como si nada más importara en el mundo, es más extraño aún. ¿Y comprobar que es capaz de hacerlo durante tanto tiempo, con tanta intensidad?

Muchos espectadores lloraron. Todos dijeron que las horas que habían pasado en fila habían valido la pena. Fue como si se hubiesen visto frente a un espejo donde sintieron reflejada su vida por primera vez.

Imagínate. Si Marina divagaba, si fantaseaba, la persona que en ese momento estuviera frente a ella percibiría de inmediato que Marina estaba en otra parte. Si aflojaba demasiado su mente y su cuerpo, podría quedarse dormida. Si se permitía sensaciones corporales normales —hambre, incomodidad, dolor, urgencia de ir al baño—, le habría sido imposible no moverse ni estar quieta. Si pensaba cuánto faltaba para que concluyera la *performance* ese día, el tiempo habría avanzado de modo insoportable. Así, con la disciplina de un monje y con la fuerza de un guerrero, Marina ignoró esas distracciones para situarse exclusivamente en el momento presente. Tenía que estar allí donde sus pies estaban; debía enfocarse en la persona que tenía delante y en la experiencia que compartían, más que en cualquier otra cosa en el mundo.

«La gente no entiende que la parte más difícil de todo esto es tener que hacer algo que está muy cerca de no ser nada», dijo Abramović sobre su *performance*. «Exige todo de ti [...], no hay nada que ocultar. Eres tú, solo tú».

Estar presentes exige todo de nosotros. No parece complicado, pero puede llegar a ser la cosa más difícil del mundo.

Cuando subimos al estrado y nos disponemos a pronunciar un discurso, nuestra mente no se concentra en la tarea, sino en lo que los demás pensarán de nosotros. ¿Cómo es posible que eso no afecte nuestro rendimiento? Cuando atravesamos una crisis, nuestra mente no deja de repetirse lo injusto que es, lo desquiciante que resulta que no deje de ocurrir y cómo hacer para que no ocurra. ¿Por qué malgastar de ese modo la energía emocional y mental esencial justo cuando más la necesitamos?

Incluso durante una noche tranquila en casa, no pensamos en otra cosa que en la lista de temas pendientes que deberíamos hacer. En vez de contemplar el atardecer, le *hacemos una fotografía*.

No estamos presentes… y así nos vamos olvidando. De vivir, de dar lo mejor de nosotros mismos. De *ver* lo que realmente es.

Quienes hicieron cola para participar en la *performance* de Marina Abramović ilustran precisamente este fenómeno. Cuando las puertas se abrían, ellos pasaban de largo junto a obras igualmente impresionantes de la artista solo para poder ser los primeros en ser «especiales». En la fila, no dejaban de moverse agitados y parloteaban para matar el tiempo mientras las horas transcurrían. Dormitaban, se apoyaban unos en otros. Revisaban su teléfono… y lo revisaban de nuevo. Planeaban lo que harían cuando llegara su turno, y especulaban acerca de cómo sería la experiencia. Algunos ideaban en secreto pequeños trucos que confiaban que les darían esos quince segundos de fama.

¡Cuántas ordinarias maravillas invadían su mente!

Esto nos lleva a preguntarnos: después de su trascendental experiencia con Marina —la de estar frente a una presencia real—, cuando abandonaban el museo y salían a las agitadas calles de Nueva York, ¿veían con otros ojos el vibrante ritmo de la jungla urbana o, seguramente, reanudaban al instante su ajetreada vida, llena de distracciones, ansiedad, sueños, inseguridades y ego?

Es decir, ¿hacían justo lo que todos solemos hacer durante casi todo el día?

No vivimos *el* momento. De hecho, intentamos desesperadamente escapar de él, pensando, trabajando, hablando, preocupándonos, recordando, esperando… lo que sea. Pagamos miles de euros para comprar un dispositivo que garantice que no nos aburriremos nunca. Asumimos interminables actividades y obligaciones, perseguimos logros y dinero, con la ingenua creencia de que al final eso nos dará la felicidad.

Tolstói observó que el amor no existe en el futuro. Solo es real si ocurre justo ahora. Si lo piensas bien, lo mismo puede decirse básicamente de todo lo que pensamos, sentimos o hacemos. Los mejores atletas, en los más desafiantes deportes, están *ahí* por completo. Están presentes en sí mismos, en el ahora.

Recuerda. No hay grandeza en el futuro. Ni claridad. Ni conocimiento. Ni felicidad. Ni paz. Solo existe el momento presente.

No hablamos literalmente de minutos ni segundos. El verdadero momento presente es aquel en el que decidimos existir, en vez de quedarnos en el pasado o preocuparnos por el futuro. No importa durante cuánto tiempo podemos evitar las impresiones de lo que ocurrió o de lo que nos preocupa o ilusiona que pueda ocurrir. El ahora puede representar unos minutos, o una mañana, o un año… si puedes permanecer en él tanto tiempo.

Como dijo la escritora Laura Ingalls Wilder, *ahora es ahora.* Jamás podría ser otra cosa.

¡Aprovéchalo!

¿Quién posee tanto talento como para darse el lujo de dedicar solo una parte de sí mismo a un problema o una oportunidad?

¿Quién tiene una relación tan firme que es capaz de mantenerla sin estar presente? ¿Quién está tan seguro de que dispondrá de otra oportunidad como para ignorar esta? Cuanta menos energía desperdiciemos en lamentar el pasado o en preocuparnos por el futuro, más tendremos para lo que está frente a nosotros.

Debemos aprender a ver el mundo como lo hace un artista: mientras que los demás son ajenos a lo que los rodea, el artista *ve* de verdad. Su mente, involucrada por completo en lo que acontece, percibe la manera en que un ave vuela o ve la forma en que un desconocido toma el tenedor o una madre mira a su hijo. No piensa en el mañana. Piensa nada más en cómo recoger y comunicar esa experiencia.

El artista está *presente*. Y esa quietud es el origen de su excepcionalidad.

El momento que experimentamos justo ahora es un regalo —por eso lo llamamos *presente*—. Y aun si se trata de una experiencia ardua y complicada, podría llegar a ser la última. Desarrollemos entonces la aptitud de estar en ella, de poner todo lo que tenemos en apreciar la plenitud del ahora.

No rechaces un momento difícil o aburrido porque no es tal como te lo has imaginado. No te pierdas un momento hermoso porque eres tímida o insegura. Haz lo que puedas con lo que se te ha dado. Vive lo que puede vivirse. Esto es la excelencia. Lo que la presencia hace posible.

Los maestros de meditación instruyen a sus estudiantes que se concentren en la respiración. *Inhala y exhala. Inhala y exhala.* En los deportes, los entrenadores hablan de «el proceso»: esta jugada, este ejercicio, esta rutina. No solo porque este momento es especial, sino también porque nadie puede dar lo mejor de sí mismo si su mente está en otra parte.

Haríamos bien en seguir esos pasos en nuestra vida. Jesús dijo a sus discípulos que no se preocuparan por el mañana, porque el mañana se cuidará de sí mismo. Haz todo lo posible justo ahora. No pienses en lo que dirán tus detractores. No te distraigas ni te compliques innecesariamente. Permanece en el ahora. *Todo* tú.

Estar presente.

¿Has tenido dificultades para conseguirlo en el pasado? ¡No importa!

Eso es lo bueno del presente: que no deja de aparecer para darte una segunda oportunidad.

EVITA EL EXCESO DE INFORMACIÓN

El exceso de información genera escasez de atención.

HERBERT SIMON

Como general, Napoleón adoptó el hábito de retrasar sus respuestas al correo que recibía. Su secretario tenía instrucciones de esperar tres semanas antes de abrir cualquier mensaje. Cuando, por fin, el emperador se enteraba del contenido de una carta, le gustaba hacer notar cuántos asuntos supuestamente «importantes» se habían resuelto solos y ya no requerían respuesta.

Aunque sin duda era un líder excéntrico, Napoleón nunca fue negligente en sus deberes, ni distante de su gobierno o sus soldados. Pero, para actuar y estar consciente de lo que en verdad importaba, tenía que seleccionar a quién y a qué tipo de información daba acceso a su cerebro.

De igual modo, indicó a sus mensajeros que jamás lo despertaran con una *buena noticia*. En cambio, una mala —como una crisis o un suceso urgente con impacto negativo en su campaña— debía serle notificada de inmediato. «Avísenme al instante», dijo, «porque en este caso no hay tiempo que perder».

En ambos casos, se trataba de ingeniosas estrategias pensadas para adaptarse a la realidad de una persona ocupada: llegan a nosotros demasiadas cosas. Para poder pensar con claridad, es imperativo que resolvamos cómo separar lo insignificante de lo esencial. No basta con que un líder se dedique a la reflexión profunda y el análisis objetivo, debe generar tiempo y espacio para ello.

Esto no es fácil de conseguir en el mundo actual. En la década de 1990, los politólogos emprendieron el estudio de lo que llamaron el «efecto CNN». Una cobertura mediática constante durante las veinticuatro horas del día solo podía generar crispación entre los políticos y directores generales. Hay demasiada información, cada detalle trivial se amplifica bajo el microscopio, las especulaciones se desatan y la mente se ofusca.

El efecto CNN es ya un problema para todos, no solo para presidentes y generales. Todos tenemos acceso a más información de la que necesitamos. Nos decimos que eso es una parte integral de nuestro trabajo, que debemos estar «al corriente», y dedicamos mucho tiempo a procesar noticias, informes, reuniones y otras modalidades de *feedback*. Y, aunque consigamos mantenernos alejados del televisor, nos rodean toda suerte de rumores, dramas y otras distracciones.

Debemos poner fin a eso.

«Si deseas ser mejor», dijo Epicteto, «muéstrate incapaz o incompetente en materias que no son de tu incumbencia».

Napoleón se vanagloriaba de estar siempre atrasado con su correo, incluso si eso molestaba a algunas personas o lo privaba de ciertos rumores, porque significaba que los problemas triviales tendrían que resolverse sin su intervención. Cultivemos una actitud similar: demos un poco de espacio a las cosas, no consumamos noticias en tiempo real, mantengámonos una o dos temporadas rezagados respecto a las tendencias o los fenómenos culturales más recientes, no permitamos que la bandeja de entrada dirija nuestra vida.

Lo realmente importante no habrá dejado de serlo cuando te ocupes de ello. Lo no importante hará obvia su insignificancia —o habrá desaparecido—. Con quietud, más que con urgencia o fatiga innecesaria, dirigirás *toda* tu atención a lo que merece tu cuidado.

Pretender estar al corriente de todo es síntoma de un ego insaciable, ya sea un aclamado programa de televisión, el más reciente rumor de tu empresa, el comentario más ingenioso o la crisis más aguda en Medio Oriente, África, Asia, el clima, el Banco Mundial, la cumbre de la OTAN, *ad infinitum*. Hay ego en querer aparentar ser el más informado de la reunión, el sabedor de todos los chismes o el que está al tanto de todo lo que sucede en la vida de los demás.

Esto no solo perjudica nuestra paz mental, también implica un alto coste de oportunidad. Si estuviéramos más tranquilos, nos sintiéramos más seguros y tuviésemos una visión de largo plazo, ¿a qué asunto verdaderamente significativo podríamos dedicar la energía de nuestra mente?

En su diario de 1942, Dorothy Day, periodista y activista social, se amonestó a sí misma de este modo: «Apaga la radio», escribió, «deja a un lado tu periódico. Apenas te hayas hecho una idea de los acontecimientos dedica tu tiempo a la lectura». Libros, dedicar el tiempo a leer *libros*, a eso se refería. Libros llenos de sabiduría.

Aunque eso también puede llegar a ser exagerado. He aquí los versos de John Ferriar:

Qué locos deseos, qué inquietos tormentos aquejan
al pobre a quien los libros ciegan.

La cuestión es que resulta muy difícil pensar o actuar con claridad —por no hablar de ser felices— cuando estamos saturados de información. Por eso los abogados intentan sepultar a su oponente bajo papeles. Por eso los agentes de inteligencia inundan al enemigo con propaganda, para que pierda la pista de la verdad. No es casualidad que la meta de estas tácticas se llame *parálisis por análisis*.

¡Pero nosotros hacemos lo mismo!

Siglo y medio después de Napoleón, otro gran general y más tarde jefe de Estado, Dwight D. Eisenhower, se empeñó en controlar el torrente de datos, tanto reales como ficticios, que recibía. Su solución fue una rigurosa adhesión a la cadena de mando en lo referente a la información. Nadie debía entregarle correo que no hubiera sido previamente abierto, nadie debía poner en sus manos problemas explorados a medias. De la quietud interior que necesitaba para trabajar dependían tantas cosas que no podía permitirse un flujo de información descontrolado. Una de sus innovaciones consistió en organizar la información y los problemas dentro de lo que ahora se conoce como «la caja de Eisenhower», una plantilla que ordena nuestras prioridades de acuerdo con su nivel de urgencia e importancia.

Eisenhower observó que gran parte de lo que ocurría en el mundo o en su entorno de trabajo era urgente, pero poco importante. A su vez, casi todo lo verdaderamente importante no era ni por asomo tan sensible al tiempo. La clasificación de sus entradas de datos permitió que organizara a sus colaboradores en torno a lo relevante por encima de lo que *parecía* urgente; que ellos fueran estratégicos, en lugar de reactivos; que avanzaran con paso firme en lo esencial, en vez de dedicar un poco de tiempo a demasiadas cosas.

De hecho, lo primero que los grandes jefes de gabinete hacen —tanto si están bajo las órdenes de un general, un presidente o un director de banco— es limitar el número de personas que pueden tener acceso a su superior. Se vuelven guardianes: no más visitas inesperadas, rumores ni reportes ociosos. Todo para que el comandante tenga una visión panorámica y disponga de tiempo y espacio para pensar.

Porque, si él no lo hace, nadie podrá hacerlo.

Dice Marco Aurelio en sus *Meditaciones*: «Pregúntate a cada momento: "¿Esto es necesario?"».

Tu primera y más relevante tarea es que sepas en qué no debes pensar; qué debes ignorar y qué es lo que no debes hacer.

Dice el monje budista Thich Nhat Hanh:

Si queremos realizar grandes cambios en nuestra vida, debemos examinar nuestra dieta, nuestra forma de consumir.

Debemos vivir de tal forma que dejemos todo lo que nos envenena e intoxica. Entonces tendremos fuerzas para permitir que emerja lo mejor de nosotros, y ya no seremos víctimas de la ira y la frustración.

Esto se aplica a la información tanto como a los alimentos.

Hay un dicho muy cierto: «Si entra basura, sale basura». Si deseas que la salida posea calidad, vigila las entradas.

Esto implicará disciplina. No será fácil.

Significa menos alertas y notificaciones. Significa bloquear los textos entrantes con la función «No molestar» y destinar los correos electrónicos a subcarpetas. Significa cuestionar la política de «puertas abiertas» e incluso el lugar *donde vives*. Significa apartarnos de la gente egoísta que trae dramas innecesarios a nuestra existencia. Significa estudiar el mundo *filosóficamente* — es decir, con una perspectiva a largo plazo— en vez de seguir segundo a segundo los acontecimientos.

Cómo te sientes cuando despiertas temprano y tu mente está fresca, sin la contaminación del ruido del mundo exterior: este es el espacio que vale la pena que protejas. Es también la zona en la que te encierras cuando trabajas bien. No permitas que los intrusos te saquen de ahí. Levanta barreras. Crea los mecanismos adecuados para redirigir lo urgente y no importante a las personas precisas.

Walker Percy, uno de los últimos grandes novelistas del Sur, incluyó un elocuente pasaje en *Lancelot,* basado en su batalla contra el ocio y su adicción al entretenimiento. En el libro, el agobiado narrador sale de su mansión en Misisipi y, por primera vez en años, simplemente se detiene. Sale de su burbuja y experimenta el momento. «¿Un hombre puede estar solo, desnudo, tranquilo, con la muñeca flexionada en el costado como el David de Miguel Ángel, sin asistencia, sin distracción... en silencio?», pregunta.

> Sí. Era posible estar así. Nada ocurría. Yo escuchaba. No había ningún ruido: ni botes en el río, ni camiones en la calle, ni siquiera cigarras. ¿Qué pasaría si dejaba de oír las noticias? Lo hice. No sucedió nada. Comprendí que temía al silencio.

En esa quietud podemos estar presentes y ver por fin la verdad. En esa quietud podemos escuchar nuestra voz interior.

¿Tan diferente sería el mundo si nos dedicáramos a escuchar nuestra conciencia tanto tiempo como el que destinamos a insustanciales programas de televisión? ¿Si respondiéramos a la llamada de nuestras convicciones tan rápido como reaccionamos a las alarmas de los dispositivos tecnológicos en nuestro bolsillo?

¡Tanto ruido, tanta información, tantas novedades! Tememos al silencio. Nos da miedo parecer estúpidos.

Tememos perdernos algo. No queremos ser el tipo antipático que dice «no, no me interesa».

Preferimos ser infelices a darnos prioridad y ser nosotros mismos.

A estar tranquilos... y a cargo de nuestra dosis de información.

VACÍA TU CABEZA

Vaciarse es hacerse uno con lo divino: este es el
Camino.

Awa Kenzo

Shawn Green inició en 2002 su tercera temporada con los
Dodgers de Los Ángeles sumido en la peor crisis de su
carrera deportiva en las Grandes Ligas. Los medios informa-
tivos querían ver acción; igual que los aficionados, quienes lo
abucheaban cuando aparecía en escena. También la dirección
del equipo dudaba de él. Ganaba 14 millones de dólares al año
y no podía anotar un *home run*.

Después de varias *semanas* sin un buen rendimiento, ¿lo
enviarían al banquillo? ¿Lo cambiarían por otro jugador? ¿Lo
bajarían de categoría y jugaría en las ligas menores?

Todo eso pasaba por su mente, como le sucede a cualquiera con dificultades en el trabajo. Y eso se condensaba en

una vocecita que le decía: *¿Qué te pasa? ¿Por qué no puedes hacerlo bien? ¿Ya perdiste tus aptitudes?*

Golpear una pelota de béisbol es una hazaña casi inconcebible. Requiere que el bateador vea, procese, decida, gire y haga contacto con una pelota minúscula que viaja a velocidades superiores a los 150 kilómetros por hora, desde una posición elevada y a 18 metros de distancia. *Cuatrocientos milisegundos*: esto es lo que tarda la pelota en viajar desde el lanzador hasta el bateador. Estar en condiciones para golpearla es literalmente un desafío a la física, el acto más difícil de todos los que se ejecutan en los deportes.

La ansiedad y las dudas de una crisis lo vuelven más difícil aún. Por eso el experimentado Yogi Berra advierte que «es imposible batear y pensar al mismo tiempo».

Para Green, la pelota se le hacía cada vez más pequeña a medida que pasaba el tiempo sin que él conectara un *home run*. Sin embargo, se valió del budismo, que practicaba desde hacía tiempo, para que ese círculo vicioso no destruyera su carrera. En lugar de ceder a aquellos agitados pensamientos —y obstinarse cada vez más—, intentó despejar su mente por completo. En vez de oponerse a su crisis, trataría de no pensar en ella.

Parece una locura; pero no lo es. «El hombre es como un arquero que realiza sus más grandes hazañas cuando no está pensando o calculando. La "ingenuidad" debe ser recuperada a través de largos años de adiestramiento en el arte del olvido de sí mismo; y, cuando lo logra, el hombre piensa aunque no piense», dijo una vez D. T. Suzuki, uno de los precursores del budismo en Occidente.

Para salir de la crisis, Green no tuvo que consultar a expertos, ni rediseñar su estilo de bateo. Sabía que debía deshacerse de los pensamientos tóxicos que lo habían sacado de su ritmo de juego: las ideas sobre su espléndido contrato, sus expectativas de cómo marcharía la temporada, su estrés en casa y las críticas de los medios.

Debía sacar todo eso de su cabeza. Solo tenía que permitir que su talento y su preparación tomaran las riendas.

El 23 de mayo de 2002 se hallaba justo en esa batalla. Ese día tendría lugar uno de los partidos de la liga contra los Brewers. La noche anterior, los Dodgers habían arrancado una victoria de 1-0, pero dos días antes habían perdido el primer partido. Green había conseguido algunos golpes esporádicos y desalentadores. Por eso, cuando aquella mañana llegó al estadio, estaba decidido a comenzar de nuevo. Primero en la jaula de bateo y luego en la salida, despejó su mente lenta, paciente y calladamente. Cada vez que daba un buen golpe, se concentraba en la mecánica y en la posición de sus pies para plantarse donde ellos estaban, en lugar de pensar en el pasado, preocuparse por lo que el futuro le depararía y estar pendiente de los aficionados o de cómo quería darle a la pelota. No pensaba nada. Repetía en cambio un antiguo proverbio zen: *Corta la madera, carga el agua. Corta la madera, carga el agua. Corta la madera, carga el agua.*

No analices demasiado. Cumple tu tarea.

No pienses. *Golpea la pelota.*

Ese día, en su primer turno al bate, recibió dos *strikes* en los dos primeros lanzamientos. Su mente parloteó un poco —*La crisis persiste, ¿terminará algún día? ¿Por qué no puedo hacerlo bien?*—, pero él dominó esos caballos salvajes y esperó a que el polvo que levantaban se asentara. Inhaló y vació de nuevo su mente. Quedó tan vacía como lo había estado el estadio durante su ritual previo al encuentro.

Retornó a su trabajo. En el tercer lanzamiento: *¡CRACK!* ¡Conectó un doble enérgico en el jardinero derecho!*

En la segunda entrada recibió una pelota rápida. Afianzó el pie delantero y se concentró solo en él, en la sensación de que estaba clavado en el suelo. Observó el lanzamiento y bateó; la pelota salió disparada en la dirección opuesta, sobre el muro del jardinero derecho, y permitió la anotación de tres carreras. En la cuarta entrada, Green consiguió otro *home run* sobre el jardinero central derecho. En la quinta lanzó uno más en lo profundo del jardinero izquierdo; era el jardinero contrario, señal de que el bateador estaba *enrachado*. En la octava entrada consiguió un golpe largo que valió una carrera.

Su crisis había terminado.

Acertó cinco veces en sus cinco intentos al bate, y el entrenador pensó que era suficiente. Pero Green solicitó otra oportunidad al bate.

Ahora su mente tenía la tentación de correr en una dirección distinta, con su cerebro lleno de halagos, en vez de dudas.

---

* El jardinero derecho es el jugador que al jugar defensivamente se sitúa en el campo exterior, cerca de la línea *foul* de primera base.

¡Lo estás haciendo genial! ¿Qué se siente? ¿Anotarás otro home run? ¡Podrías establecer un nuevo récord!

Pero, del mismo modo que la voz que se activa durante una crisis, la voz de una buena racha es un ciclo mental acelerado y perjudicial. Una y otra se interponen en el camino. Ambas complican algo de por sí difícil.

Cuando Shawn Green ocupó el puesto del bateador por sexta y última vez, se dijo: «No tiene ninguna lógica pensar ahora». Despejó su mente y se dispuso a divertirse como un niño jugando en las ligas menores.

Sin presiones. Solo con su presencia. Solo con la felicidad de estar ahí.

En el tercer lanzamiento recibió una pelota muy baja, por debajo del nivel de la rodilla. Para los zurdos como él, esa zona de bateo, cuando están en crisis, es como un agujero negro; pero, cuando están concentrados, es como estar al mando del timón. Green conectó con un bateo que incluso uno de los entrenadores dijo que parecía que estaba ocurriendo a cámara lenta. Cada parte del bateador estaba física y mentalmente en su sitio, y la pelota salió lanzada hacia el jardín central derecho, que recorrió en su totalidad. Fue a estamparse contra la pared trasera del estadio y rebotó en el campo.

Mientras sus compañeros enloquecían en el banquillo, Green mantuvo abajo la cabeza y corrió por las bases con la misma zancada, serena y pausada, que en sus tres *home runs* previos. Pese a su actitud mesurada se había convertido en ese momento en el decimocuarto deportista en la historia en conseguir cuatro *home runs* en un solo partido. Había acertado seis veces en seis intentos, con diecinueve bases totales y siete carreras anotadas, quizá fue la mejor actuación en un solo partido de béisbol. Las 26.728 personas del público —en campo rival— le brindaron una ovación puestas en pie. Pero Green, ajeno a todo esto, ya volvía a su rutina. Se quitó los guantes de bateo y eliminó la experiencia de su mente, con la intención de mantenerla vacía y despejada para poder utilizarla en el próximo juego.*

Shawn Green no fue el primer jugador de béisbol budista. Sadaharu Oh, el jugador con más *home runs* de la historia de ese deporte, también lo era. La meta del zen, que su maestro le enseñó, consistía en «alcanzar un vacío… un vacío sin ruido, sin color, sin pasión» a fin de acceder a un estado de vacuidad como lanzador, bateador o durante un entrenamiento.

El filósofo chino Zhuang Zhou había dicho tiempo antes: «El tao está en el vacío. El vacío es el ayuno de la mente». Marco Aurelio escribió en una ocasión sobre la necesidad de «librarse de las impresiones que se aferran a la mente, liberarse del futuro y el pasado», para que uno pueda convertirse en la «esfera circular que se goza en su transparente unicidad». Ver esas palabras en el titular del reportaje de *Los Angeles Times* sobre el partido entre los Dodgers y los Brewers, habrían tenido mucho sentido. Epicteto, predecesor filosófico de Marco Aurelio, se refería justamente a los deportes cuando dijo: «Si

---

* En sus dos juegos siguientes, Green anotaría tres *home runs* más. Fueron once aciertos en trece intentos durante tres partidos, con siete *home runs*. En el último de estos rompió el bate, que actualmente se exhibe en el Salón de la Fama del Béisbol.

estamos nerviosos o angustiados cuando realizamos un lanzamiento, ¿qué será del juego? ¿Cómo es posible que mantengamos la calma? ¿Cómo podremos saber qué sigue?».

Eso es tan cierto en el deporte como en la vida.

Sí, es esencial pensar. Un conocimiento experimentado es decisivo para el éxito de cualquier líder, atleta o artista. El problema es que, irreflexivamente, pensamos demasiado. Las turbulentas y desenfrenadas palabras del subconsciente no dejan de surgir y de pronto no queda espacio para lo que nuestro adiestramiento requiere —ni para cualquier otra cosa—. Estamos sobrecargados, oprimidos y distraídos… ¡por nuestra propia mente!

Pero, si podemos abrir un espacio, si podemos vaciar conscientemente nuestra mente como Green, acontecerán avances y revelaciones. El movimiento perfecto conectará a la perfección con la pelota.

Hay una bella paradoja en esta idea del *vacío*.

El *Daodejing* señala que, cuando a la arcilla se le da forma alrededor del vacío, se la convierte en una jarra capaz de contener agua. El agua de esta jarra se sirve en un vaso, creado a su vez en torno al vacío. La habitación en la que todo esto acontece consta de cuatro paredes construidas alrededor del vacío.

¿Lo ves? Basándonos en algo que no está obtenemos algo que en realidad podemos usar. Durante la grabación de su álbum *Interiors*, la cantante Rosanne Cash puso un rótulo muy simple en la puerta del estudio: «¡Los que entren aquí, dejen de pensar!». Y no porque quisiera trabajar con un montón de idiotas sin cabeza, sino porque quería, incluyéndose a sí misma, que todos se comprometieran a sumergirse más allá de la superficie de su mente. Deseaba que estuvieran presentes y sintonizaran con la música, que no se perdieran en su mente.

Imagina que Kennedy hubiera pasado la crisis de los misiles obsesionado con la bahía de Cochinos. Imagina que Shawn Green se hubiera empeñado en rediseñar su bateo porque el que tenía ya no le daba buenos resultados o se hubiera enfrentado a los lanzadores con una mente acelerada, llena de desesperación e inseguridades. Todos hemos experimentado esto —*¡No lo eches a perder! ¡No lo arruines! Que no se te olvide*, nos decimos— ¿y qué ocurre? ¡Hacemos justo lo que pretendíamos *evitar*!

Afrontes lo que afrontes y hagas lo que hagas, no te derrotes a ti mismo. No lo vuelvas más difícil pensando demasiado, con dudas innecesarias o cuestionándote después.

El espacio que hay entre tus orejas te pertenece. Controla no solo qué entra en él, también qué sucede ahí. Protégelo de ti, de tus pensamientos. No con fuerza bruta, sino con gentileza y persistencia. Actúa como el bibliotecario que les dice «¡shhh!» a los chicos ruidosos o que invita a abandonar la sala a aquellos que hablan por el teléfono.

Porque la mente es importante y sagrada.

Mantenla impoluta y despejada.

DETENTE Y PIENSA PROFUNDAMENTE

Con mi ojo que ve, miro lo que está frente a mí,
y con el que no ve, veo lo que está oculto.

ALICE WALKER

En la secuencia inicial del célebre programa infantil *Mister Roger's Neighborhood*, la primera toma de interiores no mostraba al presentador del programa. En su lugar, en el compás previo a la aparición de Fred Rogers en la pantalla cantando su alegre canción sobre ser un buen vecino, los espectadores veían la intermitente luz amarilla de un semáforo.

Durante más de treinta años y mil episodios, esta sutil imagen simbólica abrió ese programa. A modo de mensaje subliminal, la imagen quizá pasaba por alto para la gran mayoría de los televidentes, pero los preparaba para recibir el mensaje. Porque ya fuera que Fred Rogers hablara ante la cámara, jugara en el Vecindario de la Fantasía con King Friday o entonara una de sus canciones peculiares, casi cada cuadro de su programa parecía decir: *Despacio. Sé considerado. Sé consciente.*

Cuando era niño en la Latrobe Elementary School de Pennsylvania, Fred Rogers fue víctima de un feroz acoso escolar. Los chicos abusaban de él por su peso y por su sensibilidad. Aunque fue una experiencia espantosa, esa aflicción dio origen a su trascendente labor en la televisión pública. «Inicié una búsqueda de por vida de lo esencial», dijo en relación con su infancia, «de lo que realmente sucede a nuestro alrededor y que no percibimos a simple vista». Incluso enmarcó una versión impresa de esa idea en el muro de su estudio de producción en Pittsburgh, un fragmento de una de sus citas favoritas: *L'essentiel est invisible pour les yeux.*

Así es: las apariencias engañan, las primeras impresiones también. Estamos perturbados y engañados por lo que hay en la superficie, por lo que otras personas opinan. De este modo, tomamos malas decisiones, perdemos oportunidades o nos sentimos temerosos o enfadados, sobre todo cuando no hacemos una pausa ni nos damos tiempo para observar de verdad.

Piensa en Kruschev, que se encontraba al otro lado en la crisis de los misiles de Cuba. ¿Cuál fue la razón de su inverosímil proceder? Una mala lectura del temple de su adversario. La urgencia de actuar. Una impresión errónea de cómo serían interpretadas sus acciones en el escenario mundial. El suyo fue un error de cálculo casi fatal, como la mayoría de los actos apresurados.

Epicteto aseveró que el trabajo de un filósofo consiste en captar nuestras impresiones —lo que vemos, oímos y pensamos— y ponerlas a prueba. Mencionó que debíamos observar nuestros pensamientos y examinarlos, cerciorarnos de que las apariencias no nos confundan y de que no pasemos por alto lo que no puede advertirse a simple vista.

De hecho, en el estoicismo, el budismo y muchas otras escuelas encontramos la misma analogía: el mundo es como el agua fangosa. Para ver a través de ella, debemos dejar que las cosas se asienten. No debemos preocuparnos por las apariencias iniciales; si somos pacientes y tranquilos, la verdad nos será revelada.

Eso es lo que Mister Rogers enseñaba a los niños: a que adoptaran ese hábito crucial lo más pronto posible. En incontables episodios, Rogers tomaba un tema —la autoestima, cómo se hacen los lápices de colores, el divorcio o la diversión— y guiaba a sus jóvenes espectadores a través de lo que realmente estaba sucediendo ahí y de lo que significaba. Al parecer, conocía cómo la mente de un niño procesa información por naturaleza, y ayudaba a los pequeños a disipar sus comprensibles temores o confusiones. Les enseñaba la empatía y las habilidades del razonamiento crítico. Les aseguraba que serían capaces de resolver cualquier cosa si se daban el tiempo para asimilarla y hacerlo con él, juntos.

También dirigía este mensaje a los adultos. «Solo piensa», le escribió en una ocasión a un amigo en dificultades. «Guarda silencio y piensa. Ahí está la clave».

A primera vista, hay una contradicción aquí. Por una parte, los budistas afirman que debemos vaciar nuestra mente para estar presentes en plenitud. Que jamás lograremos nada si nos paralizamos de tanto pensar. Por otra, que debemos observar, pensar y estudiar las cosas a fondo, si en verdad queremos *conocerlas* —y no caer en los patrones destructivos que perjudican a tantas personas—.

Sin embargo, esta no es ninguna contradicción. Es la vida.

Debemos esmerarnos en pensar deliberada e intencionalmente en las grandes preguntas, en las cosas complicadas, en comprender lo que de verdad sucede con una persona, una situación o la vida misma.

Tenemos que pensar distinto de como lo hace el 99% de la población, y abandonar el pensamiento destructivo al que dedican el 99% de su tiempo.

Hakuin, maestro zen del siglo XVIII, era muy crítico con los maestros que creían que la iluminación se reducía a no pensar *en nada*. Él deseaba que sus alumnos pensaran mucho. Por eso les asignaba *kōans* tan desconcertantes como «¿Cuál es el sonido de una sola mano al aplaudir?», «¿Cómo era tu cara antes de que nacieras?» o «¿Un perro posee la naturaleza de Buda?».

Estas preguntas no tienen respuestas fáciles, y justo de eso se trata. Si sus estudiantes se tomaban el tiempo necesario para meditar profundamente en ellas, a veces días y semanas o incluso años, alcanzarían un estado mental tan esclarecedor que verían emerger ante sí las más profundas verdades y su iluminación comenzaría —aunque no llegaran tan lejos, serían más fuertes porque lo habían intentado—.

«Cuando reparéis en ello», auguraba a sus alumnos, «ya habréis descubierto algo. Vuestro cuerpo se cubrirá de un sudor frío, y todo se esclarecerá en ese instante». El término para designar este concepto era *satori*: la iluminadora revelación que tiene lugar cuando se manifiesta lo inescrutable, cuando una verdad esencial se vuelve obvia e ineludible.

¿No nos vendría bien a todos un poco más de ello?

Nadie llega a la *satori* a un millón de kilómetros por minuto. Nadie la adquiere si se concentra en lo obvio o se apega al primer pensamiento que brota de su cabeza. Para ver lo que de verdad importa, tienes que observar. Para comprenderlo, estás obligado a pensar. Captar lo que es invisible para casi todos implica un esfuerzo genuino.

Esto será provechoso no solo para tu carrera y tus actividades de negocios; también te ayudará a hallar paz y consuelo.

En la actualidad, cada vez que ocurre una tragedia, otra gran idea de Fred Rogers se vuelve viral. «Busca ayuda siempre», explicaba a sus espectadores, asustados o desalentados por las noticias. «Siempre encontrarás a alguien dispuesto a ayudarte. [...] El mundo está lleno de médicos, enfermeras, policías, bomberos, voluntarios, vecinos y amigos dispuestos a intervenir cuando las cosas marchan mal».

No te confundas: esa no era una afirmación simplista. A partir de los consejos que su madre le había dado de niño, Rogers se las había arreglado para hallar consuelo y bondad durante sucesos que solo provocan dolor, cólera y miedo a otras personas. Y resolvió comunicar eso en una forma que continuara contribuyendo a un mundo mejor después de su muerte.

Gran parte de la aflicción que sentimos se debe a que reaccionamos por instinto, en lugar de actuar con una reflexión consciente. Gran parte de lo que marcha mal se debe a eso mismo. Reaccionamos a las sombras. Tomamos como certezas impresiones que aún debemos someter a prueba. No hacemos una pausa para ponernos nuestras gafas y *mirar* de verdad.

Una vez que hayas vaciado tu mente, detente a pensar. A pensar en serio, con total intensidad.

… Piensa en qué es importante para ti.

… Piensa en qué sucede de verdad.

… Piensa en lo que quizá se oculta a la vista.

… Piensa en cómo se ve el resto del tablero de ajedrez.

… Piensa en cuál es el auténtico significado de la vida.

La coreógrafa Twyla Tharp nos brinda este ejercicio:

Siéntate solo en una habitación y deja que tus pensamientos se extravíen un momento. […] Dedica hasta diez minutos diarios a esta absurda divagación mental. Después presta atención a lo que piensas y observa si una meta o una palabra se materializa. De no ser así, prolonga el ejercicio a once minutos, luego a doce, más tarde a trece… hasta que halles el periodo que necesitas para que algo interesante venga a tu mente. La frase para este estado mental es «quietud sin soledad».

Si inviertes tiempo y energía mental en eso, no solo descubrirás algo interesante —o tu nuevo proyecto creativo—, sino también la verdad. Descubrirás lo que otros han pasado por alto. Encontrarás soluciones a los problemas que se te presentan, ya sean discernir la lógica de los misiles soviéticos en Cuba, hacer avanzar tu negocio o explicar la violencia sin sentido.

Hay respuestas que deben pescarse en las profundidades. ¿Y pescar no consiste en apaciguarse? ¿En relajarse y sintonizar con el entorno? ¿Y al final atrapar y sacar lo que se oculta bajo la superficie?

LLEVA TU DIARIO

Lleva un cuaderno de notas. Viaja con él, come
con él, duerme con él. Vierte en él cada pensamiento mundano que chisporrotee en tu cerebro.

JACK LONDON

Como regalo de su decimotercer cumpleaños, la joven refu-
giada alemana en Ámsterdam que respondía al nombre de
Ana Frank recibió de sus padres un pequeño «cuaderno de au-
tógrafos», de colores blanco y rojo. Aunque sus páginas habían
sido diseñadas para que coleccionara en ellas las firmas y recuerdos de sus amigos, desde el primer momento en que Ana
lo vio en un aparador supo que lo usaría como diario. Como
escribió en la primera entrada, el 12 de junio de 1942: «Espero
ser capaz de confiarte todo, ya que nunca he podido confiar en
nadie, y que seas una magnífica fuente de apoyo y consuelo».

Nadie habría podido anticipar que Ana necesitaría todo
el consuelo y apoyo del mundo. Veinticuatro días después de

esa primera entrada, ella y su familia judía se vieron obligados a ocultarse en el estrecho desván del almacén de su padre en Ámsterdam. Allí pasaron los dos años siguientes, con la esperanza de que los nazis no los descubrieran.

Ana Frank deseaba un diario por razones comprensibles. Era adolescente. Ya antes se había sentido solitaria, temerosa y aburrida, pero ahora estaba encerrada con otras seis personas en un par de atestadas y sofocantes habitaciones. Todo era abrumador, injusto y desconocido. Precisaba de un espacio donde pudiera vaciar esos sentimientos.

Según relató su padre, Otto, Ana no escribía todos los días, aunque lo hacía siempre que estaba molesta o que lidiaba con un problema. También cuando se sentía confundida o tenía curiosidad. Escribía como una forma de terapia, a fin de no descargar sus preocupaciones en los familiares y compatriotas con quienes compartía esas poco envidiables condiciones. Una de sus mejores y más sagaces anotaciones debió de escribirla, sin duda, en un día particularmente difícil. «El papel», escribió, «es más paciente que las personas».

Usaba su diario para reflexionar. «¡Qué nobles y buenos serían todos», apuntó, «si al final de la jornada revisaran su conducta y sopesaran sus aciertos y sus errores! Lógicamente, tratarían de superarse cada día, y lo lograrían después de un tiempo». Observó que escribir le permitía verse como a una desconocida. En un periodo en que las hormonas suelen volver más egoístas a los adolescentes, ella revisaba sus textos con regularidad, para refutar y mejorar sus reflexiones. Aun con la muerte al acecho, se empeñaba en ser mejor.

La lista de personas que a lo largo de la historia han practicado el arte de escribir un diario es sorprendentemente extensa y encantadoramente variada. Entre ellas se encuentran Oscar Wilde, Susan Sontag, Marco Aurelio, la reina Victoria, John Quincy Adams, Ralph Waldo Emerson, Virginia Woolf, Joan Didion, Shawn Green, Mary Chesnut, Brian Koppelman, Anaïs Nin, Franz Kafka, Martina Navratilova y Benjamin Franklin.

Todos ellos llevaban un diario.

Algunos lo escribían por la mañana, algunos lo hacían de manera esporádica, otros —como Leonardo da Vinci— lo llevaban consigo en todo momento. John F. Kennedy escribió un diario en sus viajes previos a la Segunda Guerra Mundial, y durante su presidencia más bien tomaba apuntes y hacía garabatos —como se sugiere en estudios para mejorar la memoria— en hojas membretadas de la Casa Blanca, donde aclaraba sus ideas y mantenía un registro de ellas.

Esa lista de individuos es imponente. Pero Ana Frank tenía trece, catorce y quince años mientras escribió su diario. Si ella pudo hacerlo, ¿qué pretexto tenemos nosotros para eludir esta tarea?

Séneca, el filósofo estoico, escribía y reflexionaba de noche, igual que Ana Frank. Cuando oscurecía y su esposa se había ido a dormir, explicó a un amigo, «examino mi día entero y repaso lo que hice y dije, sin omitir nada, sin consentir nada». Cuando horas más tarde se acostaba, descubría que «el sueño que sigue a ese examen de conciencia» era especialmente dulce. Quien lo lea hoy percibirá la búsqueda de la quietud en esos textos nocturnos.

El historiador Michel Foucault se refirió al antiguo género de las *hypomnemata* (notas para uno mismo). Llamó al diario un «arma para el combate espiritual», una manera de practicar la filosofía, de purgar de tonterías y agitación la mente y vencer las dificultades. De silenciar a los perros que ladran en tu cabeza. De prepararte para el día que te aguarda. De reflexionar sobre la jornada que pasó. Toma nota en él de las ideas que escuchas. Date tiempo para que sientas la sabiduría que fluye por tus dedos y se vierte en una página.

Así son los diarios más notables. No están dirigidos al lector. Son para el *autor*. Para que sosiegue su mente. Para que haga las paces consigo mismo.

Llevar un diario es un medio para formular preguntas difíciles: «¿En qué etapa de mi camino me encuentro? ¿Cuál es el paso más pequeño que puedo dar hoy hacia algo grande? ¿Por qué estoy tan molesto con esto? ¿Qué puedo agradecer de lo que tengo en este momento? ¿Por qué me importa tanto impresionar a la gente? ¿Qué decisión difícil estoy evitando? ¿Controlo mis temores o ellos me controlan a mí? ¿Cómo revelarán mi carácter las dificultades que emprenda el día de hoy?».[*]

Aunque una enorme cantidad de personas tienen argumentos anecdóticos a favor de llevar un diario, también las investigaciones son contundentes. A partir de estas, puede determinarse que escribir tu diario te procura bienestar des-

---

[*] Si buscas un diario con mensajes, te recomiendo mi libro *Diario para estoicos. 366 reflexiones sobre la sabiduría, la perseverancia y el arte de vivir*, publicado por Reverté Management.

pués de los sucesos traumáticos y estresantes. De igual forma, un estudio de la Universidad de Arizona detectó que aquellos que llevaban un diario durante su divorcio gozaban de una mejor recuperación. Los psicólogos recomiendan a sus pacientes que escriban su diario porque les ayuda a no obsesionarse con sus conflictos y a dotar de sentido a numerosas entradas de datos —emocionales, externas, psicológicas— que de lo contrario los agobiarían.

Esa es precisamente la idea: que en lugar de que carguemos ese bagaje en la cabeza o el corazón, lo vaciemos en un papel. Que en lugar de que pensamientos desenfrenados queden sin control o que suposiciones improvisadas no sean cuestionadas, nos forcemos a escribirlos y analizarlos. Plasmar tus pensamientos en un papel permite que los mires con perspectiva. Te da la objetividad que suele echarse de menos cuando tu mente está repleta de ansiedades, temores y frustraciones.

¿Cuál es el mejor modo de iniciar un diario? ¿Existe una hora ideal para escribirlo? ¿Cuánto tiempo se le debe dedicar?

¿A quién le importa todo eso?

Cómo hagas tu diario es mucho menos relevante que *por qué* lo haces: para dejar salir algo de tu pecho. Para pasar unos instantes de silencio en compañía de tus pensamientos. Para aclarar tus ideas. Para separar lo nocivo de lo perspicaz.

No existe una manera correcta o incorrecta de llevar un diario. La cuestión es *hacerlo y punto.*

Si ya lo has intentado alguna vez y has abandonado la idea, vuelve a empezar. El abandono de esta práctica es común. La clave es abrirle un espacio de nuevo, *hoy*. El pintor francés

Eugène Delacroix —quien llamó al estoicismo la religión que le daba consuelo— batalló tanto como nosotros:

> Reanudo mi diario tras un largo receso. Pienso que podría ayudarme a calmar esta nerviosa excitación que desde hace tanto tiempo me preocupa.

¡Sí!

Para eso se lleva un diario. Para disponer de limpiadores en nuestro parabrisas espiritual, como dijo la escritora Julia Cameron. Los escasos minutos de reflexión que le dedicamos nos exigen quietud y la crean. Nos apartan del mundo. Nos brindan un marco para un nuevo día, un mecanismo para encarar las dificultades de las horas pasadas, una renovación de nuestras potencias creativas que nos permite relajarnos y despejar la mente.

Una, dos, tres veces al día. Las que sean. Busca la fórmula que más te convenga.

Considera que esto podría ser lo más valioso que hagas en todo el día.

CULTIVA EL SILENCIO

Todas las cosas profundas y sus consiguientes emociones van precedidas y acompañadas por el silencio. […] El silencio es la sagrada consagración general del universo.

HERMAN MELVILLE

La fascinación por el silencio apareció pronto en la vida del compositor John Cage. En 1928, en un concurso de oratoria en la High School de Los Ángeles, intentó convencer a sus compañeros y a los jueces de que Estados Unidos debía instituir un día nacional sin ruido. Mediante la observación del silencio, dijo al público, los estadounidenses serían finalmente capaces de «oír lo que los demás piensan».

Eran los inicios de la exploración y la experimentación de Cage con lo que significa permanecer en silencio y con las oportunidades de experiencia creativa que ofrece ese regulado silencio.

Cage deambuló de un lado a otro después del bachillerato. Viajó por Europa, estudió pintura, dio clases de música, compuso música clásica. Era un observador ávido. Nacido en California en 1915, era lo bastante maduro para recordar cómo fue la vida premecanizada, y a medida que el siglo iba entrando en la modernidad —y la tecnología reformó cada industria y ocupación—, notó cuán ruidoso se había vuelto todo.

«Dondequiera que nos encontremos, lo que oímos es ruido», decía. «Cuando lo ignoramos, nos perturba. Cuando lo escuchamos, nos parece fascinante».

Para él, el silencio no era necesariamente la ausencia de ruido. Le encantaban el estruendo de un camión a ochenta kilómetros por hora, la estática de la radio, el zumbido de un amplificador, el sonido del agua. Antes que ninguna otra cosa, apreciaba los ruidos que nuestra vida estridente ahogaba o pasaba por alto.

En 1951 visitó una cámara anecoica, la sala insonorizada más avanzada del mundo en ese tiempo. Aun ahí, con su sensible oído musical, escuchó ruidos. Dos en particular: uno agudo y otro grave. Cuando más tarde conversó con el ingeniero responsable, se sorprendió al descubrir que la fuente de esos sonidos era su sistema nervioso y el bombeo de su sangre.

¿Cuántos de nosotros nos hemos aproximado alguna vez a un silencio de esa naturaleza? ¿Cuántos hemos reducido el ruido y alboroto a nuestro alrededor hasta el punto de oír literalmente nuestra vida? ¿Te imaginas lo que podrías *hacer* con tanto silencio?

Fue una reacción contra el ruido innecesario lo que inspiró la obra más famosa de Cage, *4'33"*, concebida originalmente con el título *Silent Prayer*. Él quería producir una canción idéntica a la música popular de la época: sería de la misma duración, se ejecutaría en directo y se reproduciría en la radio como cualquier otra. La única diferencia era que *4'33"* sería una «pieza de silencio ininterrumpido».

Algunos vieron esto como una broma absurda, una imitación al estilo de Marcel Duchamp de lo que representa la «música». En cierto sentido lo era —Cage creyó divertido vender esa «canción» a Muzak Co. para que sonara en los ascensores—. Pero el compositor también recibió inspiración de su prolongado estudio de la filosofía zen, la cual encuentra plenitud en el vacío. Las instrucciones para la ejecución de esa melodía son en sí mismas una hermosa contradicción: «En una situación provista de una amplificación máxima, ejecuta un acto disciplinado».

De hecho, *4'33"* jamás persiguió el silencio perfecto; alude a lo que sucede cuando dejas de contribuir al ruido. Esta canción fue interpretada por primera vez en Woodstock, Nueva York, por el pianista David Tudor.* «El silencio no existe», dijo Cage a cerca del estreno. «Lo que la gente pensaba que tan solo era silencio, porque no sabían cómo escuchar, estaba lleno de sonidos ambientales. Se podía oír el viento agitándose afuera durante el primer movimiento. En el segundo, gotas de lluvia repiquetearon en el techo, y durante el tercer

---

* En 2015, un programa nocturno de entrevistas grabó una versión ejecutada por un gato.

movimiento la misma gente hizo toda clase de ruidos interesantes mientras hablaba o abandonaba la sala».

Nos fueron dadas dos orejas y una sola boca por una razón, observó el filósofo Zenón. Lo que percibas cuando te detengas a escuchar puede marcar toda la diferencia del mundo.

Gran parte de nuestras vidas está definida por el ruido. Nos ponemos audífonos —*supresores* de ruido, para que podamos oír mejor... el ruido—, encendemos pantallas, los teléfonos suenan. El silencioso vientre metálico de un avión, que viaja a mil kilómetros por hora, no contiene otra cosa que a personas que intentan evitar el silencio. Prefieren ver una y otra vez la misma mala película o escuchar una entrevista trivial con una celebridad irritante a detenerse a asimilar lo que ocurre a su alrededor. Prefieren cerrar su mente a usarla.

«El pensamiento solo opera en el silencio», dijo el escritor Thomas Carlyle. Si queremos pensar mejor, debemos aprovechar esos momentos de silencio. Si deseamos más revelaciones —más discernimientos, adelantos o grandes y nuevas ideas— tenemos que generar las condiciones para que se presenten. Debemos abandonar el confort de las distracciones y las estimulaciones ruidosas. Empecemos a escuchar.

En el centro de Helsinki hay un pequeño edificio conocido como la Kamppi Chapel. No se trata propiamente de un centro de culto, aunque es tan silencioso como una catedral. Más callado, de hecho, porque no hay eco en él. No contiene órganos ni grandes puertas chirriantes. Es, en efecto, un templo al silencio. Está abierto a quienquiera que desee un momento de silenciosa espiritualidad en una ciudad tumultuosa.

Entras, y lo único que encuentras es silencio.

Un silencio glorioso y sagrado, de ese que te permite *escuchar*.

Randall Stutman, quien durante décadas fue asesor de los más destacados directores y líderes de Wall Street, estudió cómo cientos de altos ejecutivos de grandes corporaciones recargaban sus baterías en su tiempo libre. Las respuestas fueron cosas como navegar en un velero, practicar ciclismo de larga distancia, escuchar música clásica en silencio, bucear, andar en motocicleta y pescar con mosca. Todas estas actividades, descubrió, tenían una cosa en común: *la ausencia de voces*.

Aquellas eran personas con profesiones de cooperación de intensa actividad. Personas que tomaban incalculables decisiones de alto nivel en el transcurso de un día. Pero un par de horas sin barullo, sin otras personas a su alrededor, durante las cuales pudieran pensar —o no pensar—, les permitían recuperarse y hallar paz. Conseguían estar quietos, aun moviéndose. Por fin, podían escuchar, incluso por encima del estruendo de un río caudaloso o la música de Vivaldi.

Todos debemos cultivar en nuestra vida momentos como esos, en los que limitemos nuestras entradas de datos y bajemos el volumen para tener acceso a una conciencia más profunda de lo que acontece a nuestro alrededor. Si nos callamos —aunque solo sea durante un periodo breve— podremos oír lo que el mundo intenta decirnos o lo que queremos decirnos a nosotros mismos.

Que ese silencio sea tan raro es una señal de su valor. Aprovéchalo.

No temas al silencio, pues tiene mucho que enseñarnos. Búscalo.

El movimiento de las manecillas de un reloj indica que el tiempo avanza y que jamás retornará. Escúchalo.

PERSIGUE LA SABIDURÍA

La imperturbable sabiduría lo vale todo.

—DEMÓCRITO

En el año 426 a.C. en Grecia, la sacerdotisa de Delfos contestó esta pregunta formulada por un ciudadano de Atenas: «¿Hay alguien más sabio que Sócrates?».

Su respuesta: «No».

La idea de que Sócrates fuera el más sabio de los atenienses constituía toda una sorpresa, principalmente para el propio Sócrates.

A diferencia de los sabios tradicionales con muchos conocimientos y de los pretenciosos que decían saberlo todo, Sócrates era dueño de una humildad intelectual. De hecho, dedicó la mayor parte de su vida a proclamar con sinceridad su falta de sabiduría.

Este era el secreto de su brillantez, la razón de que haya sobresalido durante siglos como un modelo de sabiduría.

Seiscientos años después de su muerte, Diógenes Laercio escribiría que aquello que hacía de Sócrates un hombre tan sabio era que decía que «de lo único que estaba seguro era de su ignorancia». Mejor todavía, era consciente de lo que *no* sabía, y siempre estaba dispuesto a que lo refutaran.

Lo cierto es que el núcleo del método socrático procede del irritante hábito de Sócrates de formular preguntas en todo momento. Sondeaba sin parar las opiniones ajenas. *¿Por qué piensas eso? ¿Cómo lo sabes? ¿Qué evidencias tienes? ¿Qué puedes decir de esto y aquello?*

Esa búsqueda magnánima de la verdad, del *saber*, fue lo que convirtió a Sócrates en el hombre más inteligente y desafiante de Atenas, hasta tal punto que, tiempo después, lo mataron por eso.

Todas las escuelas filosóficas predican la necesidad de la sabiduría. La palabra hebrea para designar la sabiduría es המכח (*chokmâh*); el término correspondiente en el islam es *ḥikma*, y ambas culturas coinciden en la creencia de que Dios es una fuente interminable de esa virtud. La palabra griega para denominar la sabiduría era *sophia*, que en latín se convirtió en *sapientia* —y por eso al hombre se le llamó *Homo sapiens*—. Tanto los epicúreos como los estoicos tenían la *sophia* como precepto central. En su opinión, el saber se adquiría mediante la experiencia y el estudio. Jesús aconsejó a sus seguidores que fueran sabios como serpientes e inocentes como palomas. Proverbios 4:7 sostiene que adquirir sabiduría es lo más valioso que una persona puede hacer.

Los budistas llaman a la sabiduría *prajñā*, y la entienden como la comprensión de la auténtica naturaleza de la realidad.

Confucio y sus seguidores hablaban constantemente de cultivar el saber, y decían que se conseguía igual como un artesano desarrolla su aptitud: mediante la inversión de tiempo en ello. Xunzi fue más explícito: «El aprendizaje nunca debe terminar. [...] La persona noble que estudia ampliamente y que se examina cada día será clara en su conocimiento e intachable en su conducta».

Cada escuela tiene una postura propia sobre la sabiduría, pero en todas aparecen los mismos temas: la necesidad de hacer preguntas, la necesidad de estudiar y reflexionar, la importancia de la humildad intelectual y el poder de la experiencia —y del fracaso y el error en particular— para abrir nuestros ojos a la *verdad* y la *comprensión*. De esta manera, la sabiduría es una noción del todo, la acumulación de experiencia y la capacidad de elevarse sobre los prejuicios; es decir, las trampas que apresan a quienes les da pereza pensar.

El hecho de estar leyendo un libro es un paso maravilloso hacia la sabiduría. Pero no te quedes ahí; este libro apenas es una introducción al pensamiento y la historia clásicos. Tolstói expresó su exasperación por quienes no leían con atención y regularidad. «No comprendo», dijo, «cómo algunos pueden vivir sin comunicarse con las personas más sabias que han existido sobre la Tierra». Hay otra frase, actualmente muy utilizada, todavía más contundente: quienes no leen no tienen ventaja alguna sobre quienes no saben leer.

No hay ningún provecho en leer con arrogancia o para confirmar opiniones preexistentes. Hitler dedicó su corta sentencia de cárcel tras la Primera Guerra Mundial a leer a los clásicos de la historia. Pero en lugar de aprender algo en esas miles de páginas, según él, solo descubrió «la confirmación de sus ideas».

Eso no es sabiduría, ni siquiera estupidez; es demencia.

Debemos buscar mentores y maestros que nos guíen en nuestro viaje. El estoicismo, por ejemplo, se fundó cuando Zenón —entonces un comerciante de éxito— oyó que alguien leía en voz alta las enseñanzas de Sócrates en la tienda de un librero. Pero eso no fue suficiente. *Después*, él hizo algo que le puso en el camino de la sabiduría, porque se acercó a aquella persona y le preguntó: «¿Dónde puedo encontrar a un hombre como ese?». En el budismo existe la idea de la *pabbajja*, que significa «proseguir» y señala el inicio formal de los estudios personales. Eso es lo que Zenón hizo: contestar a la llamada y seguir avanzando.

Su maestro fue el filósofo Crates; quien no solo le dio muchas cosas para leer, sino que, como todos los grandes mentores, también le ayudó a hacerse cargo de sus asuntos personales. Con la ayuda de Crates, Zenón venció su nocivo interés en saber qué pensaban de él los demás. En una ocasión, Crates le vació encima un plato de sopa para que se diera cuenta de lo poco que eso importaba a la gente y de que ni siquiera había llamado la atención de nadie.

El primer maestro de Buda fue el asceta Alara Kalama, quien le enseñó los principios de la meditación. Cuando aprendió de él todo lo que pudo, se fue con Uddaka Ramaputta, también un buen maestro. Fue durante su época con Ramaputta cuando se percató de las limitaciones de las escuelas existentes y pensó en crear una propia.

Si Zenón y Buda requirieron maestros para avanzar, es *indudable* que también nosotros los necesitaremos. ¡Y admitir esto es evidencia de sabiduría!

Acércate a personas que admires y pregúntales cómo llegaron al estado en que se encuentran. Busca recomendaciones de libros. ¿No es eso lo que Sócrates haría? Añade a todo ello experiencia y experimentación. Colócate en situaciones difíciles, acepta retos, familiarízate con lo desconocido. De esta manera, enriquecerás tu perspectiva y tu comprensión. Los sabios deben su serenidad a que lo han *visto todo*. Saben qué esperar porque han pasado por innumerables circunstancias. Han cometido errores y aprendido de ellos. Tú debes hacer lo mismo.

Lidia con las grandes preguntas. Lidia con las grandes ideas. Trata a tu cerebro como el músculo que es. Fortalécelo por medio de la resistencia, la exposición y el entrenamiento.

No confundas la persecución de la sabiduría con un desfile inagotable de luz y mimos. El saber no produce una quietud y una claridad inmediatas; muy al contrario, incluso podría volver menos claras las cosas, hacerlas más oscuras antes de que amanezca.

Recuerda que Sócrates examinaba honradamente lo que no sabía. Eso es algo difícil. Resulta penoso ver destruidas nuestras ilusiones. Descubrir que no somos tan listos como creíamos es una lección de humildad.

Es inevitable asimismo que el estudiante diligente tropiece con ideas desconcertantes o desafiantes, acerca del mundo y de sí mismo. Eso resultará inquietante. ¿Acaso podría ser de otra manera?

Pero eso está bien.

Es mejor que chocar una y otra vez contra la vida —y contra nosotros mismos— como topos ciegos, tomando prestada la analogía de Kruschev.

Aceptemos la duda. Saboreémosla. Sigámosla dondequiera que nos lleve.

Porque del otro lado está la verdad.

ENCUENTRA LA CONFIANZA,
EVITA EL EGO

> Evita que tu ego esté tan cerca de tu cargo que,
> cuando lo pierdas, tu ego se caiga con él.

COLIN POWELL

En el año 1000 a.C. en el Valle de Ela, el pueblo de Israel y los filisteos estaban envueltos en una guerra terrible. Sin solución a la vista, el gigante Goliat propuso un reto de sangre para poner fin al *impasse* entre ambos ejércitos. «¡Desafío a los ejércitos de Israel! ¡Traedme a un solo hombre y peleemos entre nosotros!», bramó.

Durante cuarenta días, ni un solo soldado se ofreció a hacerlo, ni siquiera el rey de Israel, Saúl. Si a Goliat lo movían el ego y la soberbia, los israelitas estaban paralizados por el temor y la duda.

Llegó entonces el joven David, un pastor que fue a visitar a sus tres hermanos en el ejército. Enterado del desafío de Goliat, y a diferencia de los soldados del ejército, que eran presa del miedo, David estaba *seguro* de que podía enfrentarse a Goliat y vencerlo. ¿Estaba loco? ¿Cómo podía pensar que iba a derrotar a ese gigante?

«Cuando un león o un oso viene a llevarse algún cordero del rebaño, salgo tras él, hiero a la fiera y libro al cordero. Si se vuelve contra mí, lo agarro con mis manos por la quijada y lo golpeo hasta matarlo. No importa si es un león o un oso, tu siervo los mata; estos filisteos serán como cualquiera de ellos», les dijo a sus hermanos.

La seguridad de David provenía de la experiencia, no del ego. Había pasado por cosas mucho peores y las había resuelto con sus propias manos.

Conocía sus fortalezas, pero también sus debilidades. «No puedo ponerme esto encima», dijo después de que se probó la armadura de un soldado, «porque no estoy acostumbrado a estos atuendos». Estaba listo para proceder únicamente con lo que podríamos llamar una verdadera conciencia de sí mismo —y con su fe, desde luego—.

¿Cómo reaccionó Goliat ante su diminuto retador? Como un abusador clásico: con carcajadas. «¿Soy un perro para que vengas a mí con palos?», protestó. «¡Ven acá», añadió, «y alimentaré con tu carne a las aves y los animales salvajes!»

Tal arrogancia fue efímera.

David se acercó a él a toda velocidad, con una honda en una mano y un par de piedras de río en la otra. En esos escasos y vertiginosos segundos, Goliat vio la confianza en los ojos de David y tuvo miedo por vez primera; y antes de que pudiera hacer cualquier cosa, cayó muerto, derribado por la piedra que David lanzó hábilmente con su honda. Le cortaron la cabeza con su propia espada.

La historia de estos dos combatientes podría ser cierta o una fábula, pero no por eso deja de ser uno de los mejores relatos sobre los peligros del ego, la relevancia de la humildad y la necesidad de la confianza en uno mismo.

Quizá nadie tenga menos paz que el ególatra, con una mente que no es sino un flujo turbulento de arrogancia e inseguridad. Siempre muerde más de lo que puede masticar. Busca pelea dondequiera que va. Se crea enemigos. Es incapaz de aprender de sus errores —porque cree que no comete ninguno—. Todo en él es complicado, todo gira a *su* alrededor.

La vida es penosa y solitaria para el hombre o la mujer movidos por el ego. Donald Trump, en la Casa Blanca, lejos de su esposa y su hijo, por la noche se pone su albornoz y despotrica contra los telediarios. Alejandro Magno, ebrio una vez más, se enfrenta y mata a su mejor amigo por una discusión absurda, pensando únicamente en su próxima conquista. Howard Hughes, atrapado en su mansión, se bate desquiciado por algún loco proyecto —que él mismo saboteará de modo inevitable—.

Todos estos personajes han tenido mucho éxito, sí. Pero ¿cambiarías tu lugar por el suyo?

Esta forma tóxica del ego tiene un gemelo malvado y menos presuntuoso, conocido como «síndrome del impostor», que consiste en un estado de ansiedad persistente e inagotable al pensar que no estás capacitado para lo que haces y siempre te sientes expuesto a que los demás descubran el fraude. Shakespeare representó esa sensación con la imagen de un ladrón que lleva una túnica robada y sabe que es demasiado grande para él. El escritor Franz Kafka, cuyo padre era despótico y reprobador, asoció el síndrome del impostor con la sensación de un empleado de banco que altera los libros contables, intenta frenéticamente que todo marche bien y está aterrado por si alguien lo descubre.

Obviamente, esta inseguridad existe casi exclusivamente en nuestra cabeza. Los demás no piensan en nosotros. ¡Tienen sus propios problemas de los que preocuparse!

Entre estos dos extremos, el ego y el síndrome del impostor, ¿no es mejor la simple confianza en uno mismo? Conquistada, racional, objetiva, *serena*.

El padre de Ulysses S. Grant era egoísta y fanfarrón, y siempre estaba inmerso en escándalos o intrigas. Grant sabía que él no era como su padre deseaba. Como respuesta, desarrolló una fresca y tranquila confianza en sí mismo mucho más acorde con la sosegada, pero fuerte, personalidad de su madre. Esa fue la fuente de su grandeza.

Antes de la Guerra Civil estadounidense, Grant experimentó una larga racha de reveses y dificultades financieras. Fue a parar a St. Louis, donde tuvo que vender leña para ganarse la vida, una dolorosa debacle para alguien que se había graduado en West Point. Un amigo del ejército lo encontró allí y se quedó horrorizado: «¡Por favor, Grant!, ¿qué haces?», preguntó. La respuesta de Grant fue muy sencilla: «Resuelvo el problema de la pobreza».

Esta es la respuesta de una persona segura, en paz incluso en condiciones difíciles. Grant no había elegido esa situación, pero no iba a permitir que afectara su concepto de sí mismo. Además, estaba demasiado ocupado tratando de repararla en la medida de lo posible. ¿Por qué iba a humillarse si trabajaba para ganarse la vida? ¿Qué hay de vergonzoso en eso?

Los historiadores comentan a menudo la imbatible seguridad que Grant demostraba en la batalla. Cuando otros generales estaban convencidos de que la derrota era inminente, Grant se resistía sistemáticamente a ello. Sabía que bastaba con mantener el rumbo. También sabía que perder la esperanza —o la calma— no servía de nada.

Esa misma ecuanimidad se mantuvo intacta cuando Grant cosechó éxito y poder en años posteriores, no solo al mando de un ejército imponente, sino también durante sus ocho años como líder mundial. Charles Dana observó que era un «héroe sin pretensiones, a quien ningún mal augurio podía abatir, y ningún triunfo lo exaltaba desmesuradamente». Después de su presidencia, Grant visitó la vieja cabaña donde había vivido con su esposa en esos duros años. Uno de sus ayudantes resaltó la increíble historia de su vida, casi como la trama de un poema épico, desde la miseria a la riqueza, desde aquella cabaña a la presidencia. Grant se encogió de hombros. «Nunca lo había contemplado bajo ese prisma».

Esto también es confianza. No requiere ni de gloria ni de felicitaciones para revelarse, porque es una comprensión honesta de nuestras fortalezas y debilidades que muestran el camino a una gloria más grande: la paz interior y una mente clara.

Las personas seguras saben qué es lo que realmente importa. Saben cuándo ignorar las opiniones de los demás, no alardean ni mienten para avanzar —sin cumplir más tarde sus nuevas responsabilidades—. La confianza es libertad para fijar tus propias normas y despojarte de la necesidad de demostrar tu valor. Una persona segura no teme al desacuerdo y no ve el cambio —de una opinión incorrecta a una correcta— como un síntoma de inferioridad.

El ego, por el contrario, se tambalea a causa de la duda, se aflige por la soberbia y queda exhibido por su pose y jactancia. Pero no se pondrá a prueba —ni permitirá que se le ponga—, porque sabe que podría ser descubierto.

En cambio, la gente segura es abierta, reflexiva y capaz de mostrarse sin reservas. Todo esto deja margen a la quietud, pues elimina el conflicto, la incertidumbre y el resentimiento innecesarios.

¿Y tú? ¿Dónde te ubicas en este espectro?

Habrá reveses en la vida. Incluso un genio, o maestro, experimentará un periodo de incertidumbre cuando intente adquirir nuevas habilidades o explorar nuevos terrenos. La confianza determina si eso será una fuente de angustia o un reto agradable. Si sufres cada vez que las cosas no salen como querías, si no puedes disfrutarlas cuando resultan de tu gusto porque las tiñes de dudas e inseguridad, tu vida será un infierno.

La seguridad completa u omnipresente no existe. Titubearemos. Tendremos dudas. Nos veremos en situaciones nuevas en las que reine una completa incertidumbre. Aun así, debemos asomarnos a ese caos y descubrir el núcleo de la confianza serena. Eso fue lo que Kennedy hizo en la crisis de los misiles. Ya había pasado antes por situaciones extremas, como cuando su lancha torpedera se hundió en el Pacífico y todo parecía perdido. Aprendió entonces que el pánico no resuelve nada y que es raro que la salvación proceda de una acción precipitada. También aprendió que podía confiar en sí mismo y superar la situación si mantenía la cabeza fría. Pasara lo que pasara, se dijo a sí mismo al principio de aquella crisis, nadie escribiría «Las armas de octubre» sobre su gestión de aquel episodio. Eso era algo que él podía controlar, y le dio confianza.

Esa es la clave. Tanto las personas egoístas como las inseguras hacen de sus defectos el centro de su personalidad, ya sea ocultándolos, dándoles vueltas o exteriorizándolos. La quietud es imposible para ellos, porque solo puede echar raíces en la entereza.

Eso es en lo que debemos concentrarnos.

No alimentes tu inseguridad. No alimentes tus delirios de grandeza.

Ambos son obstáculos contra la quietud.

Ten confianza. Te la has ganado.

SUÉLTATE

La acción realizada con ánimo de recompensa es muy inferior a la acción que se realiza en el yoga de la sabiduría. Busca, pues, la salvación en el saber de la razón. ¡Cuán pobres quienes obran para hallar recompensa!

BHAGAVAD GITA

El gran maestro arquero Awa Kenzo no se dedicaba a enseñar el dominio técnico del arco. No era partidario de dedicar mucho tiempo a sus pupilos para enseñarles cómo apuntar y lanzar; en vez de eso, les decía que practicaran hasta que un lanzamiento fuera tan natural como «cuando cae un fruto maduro».

Prefería enseñar una importante habilidad mental: el desapego. «Lo que se interpone en tu camino», le dijo a su alumno Eugen Herrigel, «es que tienes una voluntad demasiado obstinada». Era esa obstinada voluntad —el deseo de controlar y dictar el desarrollo y el proceso de todo aquello en lo que participamos— lo que impedía que Herrigel aprendiera y dominara el arte que perseguía.

Kenzo quería que sus estudiantes alejaran de su mente el pensamiento de dar en el blanco. Quería que renunciaran incluso a la idea de un resultado. «Los aciertos en el blanco», decía, «son solo la prueba evidente y la confirmación de la falta de propósito e interés, de la ausencia de egoísmo, del auto-abandono, o como quieras llamar a este estado».

Este estado es la *quietud*.

No obstante, el desapego y la ausencia de propósito no parecen ser precisamente actitudes productivas, ¿verdad? Ese era justo el dilema en el que Kenzo quería poner a sus alumnos. La mayoría de ellos, como nosotros, deseaban que se les dijera qué hacer y se les enseñara cómo. Se supone que estamos *muy interesados*. La obstinación debería ser una *fortaleza*. Eso fue lo que nos había funcionado cuando, de pequeños, queríamos sobresalir en la escuela. ¿Cómo es posible que mejoremos sin eso? ¿Cómo puede ser este el camino para dar en el blanco?

Retrocedamos.

¿Has notado alguna vez que, cuanto más deseamos algo y más insistimos en obtener cierto resultado, más se nos dificulta alcanzarlo? Deportes como el golf y el tiro con arco son perfectos ejemplos de esto. Cuando intentas imprimir en la pelota un golpe *muy* fuerte, acaba mal. Si levantas la mirada para seguir la pelota, agitarás el palo y lo lanzarás al campo. La energía que inviertes en apuntar la flecha —particularmente al principio— es una energía que *no* dedicas a desarrollar tu estilo. Si estás demasiado consciente de los componentes técnicos de un disparo, no te relajarás ni tranquilizarás lo suficiente. Como dicen los tiradores hoy en día: «lento es suave, suave es rápido».

La quietud es entonces la vía a un desempeño superior. La soltura te dará más control que la tensión, un método o resultado específico.

Obviamente, un maestro del arco como Kenzo sabía que las habilidades que enseñaba no eran ya cuestión de vida o muerte a principios del siglo XX. Nadie necesitaba disparar una flecha para sobrevivir. Sin embargo, otras habilidades requeridas para el dominio del arco seguían siendo esenciales: concentración, paciencia, respiración, persistencia y claridad. Y más que nada, la aptitud para soltarse.

Lo que necesitamos en la vida, las artes o los deportes, es relajarnos, volvernos flexibles, llegar a un estado en el que nada se interponga en nuestro camino, incluida nuestra obsesión con ciertos resultados. Un actor no se convierte en su personaje *pensando* en él; debe soltarse, olvidar la técnica y sumergirse en el papel. Los emprendedores no recorren las calles en una búsqueda deliberada de oportunidades; deben estar atentos a las cosas imperceptibles que los rodean. Ocurre lo mismo con los cómicos, e incluso con los padres que intentan educar bien a sus hijos. «Todos tratan de disparar con naturalidad», escribió Kenzo, «pero casi no hay practicante que no utilice alguna estrategia, algún truco técnico superficial, artificial y calculado en el que se apoya para tirar. Los trucos técnicos no conducen a ningún lado».

Por paradójico que parezca, controlar nuestro dominio mental requiere que abandonemos la rigidez de la palabra *dominio*. Conseguiremos la quietud que necesitamos si dirigimos nuestra atención a los pasos particulares, si abrazamos el proceso y renunciamos a la *persecución*. Pensaremos mejor si no pensamos *tanto*.

La mayoría de los alumnos —sea de tiro con arco, yoga o química— emprenden el estudio de un tema con gran resolución. Fijan su mente en los resultados. Quieren obtener la mejor calificación o la puntuación más alta. Para ello emplean su «pericia» previa. Desean saltarse los pasos innecesarios y pasar directamente a los aspectos interesantes. En consecuencia, es complicado enseñarles y se desalientan con facilidad cuando el trayecto les resulta más complejo de lo esperado. No están presentes. No están abiertos a la experimentación, ni son capaces de aprender.

En la escuela de Kenzo, solo cuando un discípulo se rendía por completo —e incluso se desprendía de la idea de apuntar al blanco porque había dedicado varios meses a disparar a un montón de paja a unos metros de él— el maestro anunciaba por fin: «Nuestro nuevo ejercicio será de tiro al blanco». Y, aun si entonces daba en el blanco, el maestro no lo colmaba de elogios.

Frente a un blanco, en cambio, lo instaba a «seguir practicando como si no hubiera pasado nada». Decía lo mismo después de un mal tiro. Cuando los estudiantes pedían instrucciones extra, contestaba: «No preguntes, *¡practica!*».

Quería que se abandonaran al proceso. Que renunciaran a sus nociones preconcebidas de lo que era el arco. Demandaba que estuvieran presentes, vacíos y abiertos para *aprender*.

En el hinduismo, el budismo, el sijismo y el jainismo, la flor de loto es un símbolo muy respetado. Aunque brota del fango de un estanque o un río, no pretende llegar al cielo; flota libre y serenamente en el agua. Se decía que dondequiera que Buda caminaba, flores de loto marcaban sus huellas. En cierto sentido, el loto también encarna el principio de soltarse. Es puro y hermoso, pero alcanzable y humilde. Es simultáneamente apegado y desapegado.

Este es el equilibrio que debemos alcanzar. Si apuntamos al éxito en la vida —tanto si se trata de reconocimiento como de riqueza o poder—, no daremos en el blanco. Si apuntamos al blanco con demasiada intención —como Kenzo prevenía a sus alumnos—, descuidaremos el proceso y el arte requeridos para atinar. Lo que debemos hacer es practicar, dejar a un lado esa voluntad obstinada.

Cuanto más nos acercamos a la maestría, menos nos importarán los resultados específicos. Cuanto más colaborativos y creativos seamos, menos toleraremos el ego o la inseguridad. Cuanta más paz tengamos, más productivos seremos.

Los problemas irritantes se resuelven únicamente con quietud. Solo si nos desentendemos de la puntería tendremos a nuestro alcance los blancos más difíciles.

SOBRE LO QUE SIGUE...

En una mente disciplinada, el corazón pasa pronto
del temor al amor.

JOHN CAGE

Lo que está en juego en lo que cada uno de nosotros quiere
lograr es demasiado importante como para que permitamos que el bullicio de las noticias o el ruido de la multitud nos
distraigan. Las pistas que buscamos suelen estar ocultas y rara-
mente son claras; para encontrarlas debemos explorar en lo profundo, percibir aquello que los demás son incapaces de notar.

Así, ignoremos el ruido. Fijémonos en lo esencial. Per-
manezcamos presentes. Llevemos nuestro diario. Vaciemos
nuestra mente.

Tratemos, en palabras de Marco Aurelio, de «deshacernos
de todo y liberarnos de toda molestia y distracción, y persigamos la completa calma». De esta manera crearemos una
especie de bóveda, o bastión mental, que ninguna distracción

o falsa impresión podrán derribar. Durante breves momentos, todos hemos sido capaces de conseguirlo. Y, cuando lo hacemos, descubrimos que podemos hacer cosas que hasta entonces se nos hacían imposibles: un desempeño superior, una extraordinaria claridad, una felicidad profunda.

Pero esa quietud suele ser fugaz. ¿Por qué?

Porque la socavan toda clase de perturbaciones; no solo las turbulencias del mundo circundante, sino también las que residen en nuestro interior, en nuestro espíritu y en nuestro cuerpo.

«La mente tiende a la quietud», dijo Lao Tsé, «pero la ansiedad se le opone». Somos como el público de la *performance* de Marina Abramović. Estamos presentes un momento. Nos sentimos movidos a la quietud por un instante. Después, regresamos a la ciudad, a nuestras antiguas rutinas, y caemos presos de interminables deseos y malos hábitos, como si aquella experiencia no hubiera ocurrido nunca.

No perseguimos un breve espacio de quietud. Aspiramos a una concentración y sabiduría sistemáticas a las que podamos recurrir en las situaciones más difíciles. Lograr eso requerirá más esfuerzo, exigirá un examen de conciencia holístico, el tratamiento de la enfermedad, y no simplemente de los síntomas.

La propuesta de este libro es que nuestros tres ámbitos —la mente, el corazón y el cuerpo— deben hallarse en armonía. Lo cierto es que, en la mayoría de las personas, esos ámbitos están no solo fuera de sincronía, sino en conflicto. Nunca tendremos paz hasta que se resuelva la lucha interior que Martin Luther King describió.

La historia nos enseña que es la paz lo que nos brinda la oportunidad de construir. Es el periodo de posguerra el que permite a las naciones transformarse en superpotencias, y a las personas comunes y corrientes en auténticos motores de acción.

Y así debemos seguir adelante para librar la próxima batalla, con el fin de pacificar el ámbito del espíritu y purificar nuestro corazón, así como nuestras emociones, nuestros impulsos y nuestras pasiones.

PARTE II

MENTE ◆ ESPÍRITU ◆ CUERPO

La mayoría de nosotros nos sobrecogeríamos de temor si nuestro cuerpo se paralizara, y haríamos todo lo posible para evitarlo, pero no mostramos la menor preocupación por la parálisis de nuestra alma.

EPICTETO

EL ÁMBITO DEL ESPÍRITU

En retrospectiva, hablamos de uno de los mejores momentos en la historia del golf, y quizá de todos los deportes. En junio de 2008, durante el abierto de Estados Unidos en Torrey Pines, al norte de San Diego, Tiger Woods hizo *birdie* en el último hoyo, con lo que forzó un desempate de dieciocho hoyos. Tomó entonces una ventaja de tres golpes, pero la perdió, solo para volver a la carga, hacer un nuevo *birdie* y obligar a Rocco Mediate, de 46 años de edad, a una ronda de muerte súbita. En ese hoyo, Tiger Woods hizo un último *birdie* para ganar su tercer abierto estadounidense, y su decimocuarto torneo del Grand Slam. El segundo mayor número de victorias en la historia de ese deporte.

Tiger era además el primer golfista en la historia, y probablemente el último, que ganaba un encuentro con un desgarre en un ligamento cruzado anterior y una pierna con *fractura* doble. Llamar a esto un triunfo de la voluntad y la determinación es subestimar su desempeño, porque Woods lo consiguió con tanto aplomo que nadie pudo sospechar siquiera el grado de sus lesiones.

El propio Woods estaba al tanto únicamente de las fracturas, no de que la articulación de una de sus rodillas hubiera desaparecido casi en su totalidad. No obstante, con una disciplina física y mental casi inhumana, superó cada obstáculo que aquel complejo y apabullante partido de golf había intentado imponerle, y lo hizo con poco más que un leve gesto de dolor ocasional.

Este momento bien podría calificarse como la cúspide en la carrera de Tiger Woods. Se tomó inmediatamente un permiso de seis meses para recuperarse de la cirugía de urgencia que se le practicó en la rodilla. Poco después lo sorprendieron con su amante, Rachel Uchitel, en un hotel en Australia, y de repente los secretos de su vida personal dejaron de ser secretos.

Cuando habló con su esposa, Woods intentó disuadirla con mentiras, pero estas ya no le sirvieron. Minutos más tarde, él estaba tumbado en la entrada de la casa de un vecino, su vehículo todoterreno estampado contra una boca de incendios y con las ventanas traseras destrozadas por un palo de golf. Su esposa lloraba sobre el cuerpo semiinconsciente de Woods *mientras* él permanecía quieto durante un instante, como quizá no lo había estado desde que era un bebé.

La experiencia no duró mucho tiempo.

Siguió la pesadilla de la prensa sensacionalista: veintiuna portadas consecutivas en el *New York Post*. Los mensajes de texto. Los amoríos con estrellas porno y meseras de Perkins, sexo frenético en estacionamientos de iglesias, sexo incluso con las hijas de amigos de la familia, todo se hizo público. Su estancia en un programa de rehabilitación sexual, la pérdida de sus patrocinadores y el divorcio de 100 millones de dólares: todo estuvo a punto de provocarle un colapso, como le habría sucedido a cualquiera.

Woods no ganó otro Grand Slam en una década.

«En la superficie del océano hay quietud», dijo el monje Thich Nhat Hanh acerca de la condición humana, «pero debajo hay corrientes». Así fue para Tiger Woods. Un hombre que era un icono por su habilidad para mantener la calma y la concentración en momentos de intenso estrés, un hombre con la disciplina física que le permitía ser capaz de poner el freno de emergencia tras su *swing* de doscientos diez kilómetros por hora y empezar de nuevo, el campeón del «más cerebral de los deportes», estaba ahora a merced de las corrientes turbulentas que le acechaban bajo su calmado aspecto. Y, como te diría cualquier veterano capitán de los mares de la vida, lo que sucede sobre el agua no importa; es lo que ocurre debajo lo que te puede ahogar.

Tiger Woods había sido capaz de mirar fijamente a sus oponentes y a la inimaginable presión a la que se le sometía, de perseverar pese a los incontables obstáculos en su carrera; pero no pudo hacer lo mismo con sus demonios espirituales.

Las semillas de su perdición fueron sembradas a muy temprana edad. Su padre, Earl, era un hombre complicado. Nacido en la pobreza, Earl Woods sufrió lo peor del racismo y la discriminación estadounidenses. Se las arregló para ir a la universidad y alistarse en el ejército, donde fue un Boina Verde en Vietnam. Bajo este logro había también una corriente: de narcisismo, egocentrismo, deshonestidad y codicia. Un solo ejemplo: Earl regresó de su segunda estancia en Vietnam con una nueva esposa... sin que se lo hubiera mencionado a la esposa que ya tenía, la cual le había dado tres hijos.

Cuando Tiger nació fruto de ese segundo matrimonio, Earl Woods tenía 43 años y poco entusiasmo por ser padre de nuevo. Durante el primer año de la vida de Tiger, se limitó prácticamente a amarrarlo en una trona mientras él jugaba golf en la cochera. En realidad, ver jugar a su papá al golf —en lugar de jugar como un niño común y corriente— fue el motivo por el que Tiger desarrolló su casi antinatural obsesión por este deporte. Según la leyenda de la familia, a los nueve meses de edad ya se deslizaba de su silla, tomaba un palo y golpeaba una pelota de golf.

Esta es una anécdota simpática y totalmente atípica. A los 2 años de edad, Tiger participó en *The Mike Douglas Show* para mostrar su habilidad para el golf. Al público le encantó, pero al actor Jimmy Stewart, el otro invitado ese día, no le hizo ninguna gracia. «He visto a demasiados niños tan valiosos como este», le dijo a Douglas detrás de cámaras, «y a demasiados padres con ojos de cazatalentos».

Aun así, es indudable que la dedicación de sus padres fue lo que permitió que Tiger se transformara en un gran golfista. Miles de horas en la cochera viendo jugar a su padre grabaron en su memoria la hermosa mecánica de un *swing*. Las miles de horas adicionales que ambos pasaron en campos de golf y de prácticas, gracias a los descuentos que Earl conseguía en el campo propiedad del Ejército cercano a su casa, también fueron decisivas. Sus padres se sacrificaron por él, lo llevaron a torneos y contrataron a los mejores entrenadores.

No se detuvieron ahí. Earl sabía que el golf era un deporte mental, así que preparó a su hijo para ese despiadado mundo del deporte. Desde que Tiger tenía 7 años, tomó medidas para desarrollar su concentración. Cada vez que el chico daba su primer golpe, Earl tosía, hacía tintinear monedas en su bolsillo, tiraba sus palos, le lanzaba una pelota o bloqueaba su campo visual. «Quería enseñarle fortaleza mental», contaría después. «Si se distraía con la menor cosa que yo hacía, jamás sería capaz de manejar la presión de un torneo».

Pero, conforme Tiger crecía, su entrenamiento se hacía cada vez más brutal, como el propio Earl admite. Era como si ocurriera en un campo militar de «técnicas para interrogar a prisioneros de guerra» e «intimidación psicológica» que ninguna persona civilizada debería infligir a otra. «Me humillaba todo el tiempo», contaba Tiger más tarde. «Me llevaba al límite y luego daba marcha atrás. Era una locura».

Sí. *Una locura.*

Eso es lo que representa para un niño oír que su padre se burla de él, mientras intenta practicar un deporte; que lo llame «hijo de perra» cuando trata de concentrarse. Imagina lo penoso que sería que tu papá te gritara «¡vete a la mierda!» o te preguntara «¿cómo sienta ser un negrito idiota?» para provocarte. Earl lo engañaba incluso cuando jugaban juntos, supuestamente para que ejercitara su humildad y su concentración. Como Tiger reflexionaría tiempo después, todo ese adiestramiento fue un acto deliberado para que él se convirtiera en lo que su padre quería que fuera: «un asesino a sangre fría en el campo de golf».

Tiger, quien evidentemente quería a su progenitor, reveló que tenían una palabra en clave que él podía usar si su padre lo presionaba demasiado —en el entrenamiento mental o físico—; que todo lo que tenía que hacer era decirla y Earl se detendría. Asegura no haberla pronunciado nunca, porque necesitaba entrenarse y disfrutaba de ello, aunque no por eso aquella palabra deja de ser relevante. No era una graciosa broma secreta entre ambos, ni un término absurdo que no significara nada. La palabra que podía pronunciar para que su padre no abusara de él, para que lo tratara como a un niño normal, era nada menos que «¡*basta!*».

A parte de que jamás fue pronunciada, al final, los dos aludían a ella casi como si se tratara de una grosería: «la palabra con b».

«La palabra con b» era cosa de cobardes, algo a lo que solo los fracasados recurrían.

¿Es sorprendente que ese talentoso chico se haya vuelto un triunfador obsesivo que no era feliz con sus victorias? Era imperturbable en el campo de golf y absolutamente desdichado en su interior.

La madre de Tiger también le enseñó algunas lecciones. Le dijo: «Si alguna vez te atreves a arruinar mi reputación como madre, te daré una paliza». Nótese la amenaza de violencia física y lo que implicaba: no que él le hiciera *daño*, sino que la *avergonzara*. Earl también fue un ejemplo para Tiger de cómo un esposo puede vivir en el filo de la navaja. Engañaba a su mujer cuando viajaba con él. Bebía en exceso, probablemente violando las reglas del deporte amateur e incluso aceptó en secreto una asignación de 50.000 dólares de la IMG, la agencia deportiva que más tarde representaría a Tiger.

¿Cuál es la lección aquí? Que las apariencias son lo único que importa. Haz lo que sea para ganar, sin que te descubran.

Un atleta menos talentoso y dedicado habría quedado incapacitado por tantos abusos. Pero Tiger Woods no solo estaba naturalmente dotado, sino que además amaba el golf, y deseaba triunfar en él. Así que no dejó de mejorar.

Cuando tenía 3 años, ya vencía a chicos de 10. A los 11 ganaba con regularidad a su padre en campos de dieciocho hoyos. En séptimo grado fue reclutado por Stanford. En esa universidad, donde pasó dos años, era ya un atleta de clase internacional y el jugador número uno del país. Cuando a los 20 se hizo profesional, era obvio que podría convertirse en el mayor golfista de todos los tiempos, y también en el más rico. Sus primeros contratos con Nike y Titleist ascendieron a un valor total de 60 millones de dólares.

Su primera década y media como profesional representa tal vez el reinado más soberbio en la historia de cualquier deporte. Ganó todo lo que se podía ganar: catorce torneos del Grand Slam, 140 pruebas regulares. Fue clasificado como el golfista número uno del mundo durante *281 semanas consecutivas*. Obtuvo más de 115 millones de dólares en sus victorias en el Professional Golfers' Association (PGA) Tour. Ganó en todos los continentes, excepto en la Antártida.

Pero, para aquellos que saben observar, mostraba signos de tener alguna carencia: los palos que arrojaba al aire después de un mal hoyo y la falta de respeto por sus fans, a quienes ponía en peligro al hacerlo. Rompió con su novia del instituto haciendo su maleta y enviándola a la habitación de hotel de sus padres junto con una carta. Steve Scott lo salvó de ser eliminado accidentalmente en su épico encuentro cara a cara: y ni siquiera le dio las gracias ni reconoció su increíble espíritu deportivo, que trató como la debilidad de una presa inferior.* Dejó su equipo de golf en la universidad sin despedirse de sus compañeros. Al terminar de comer con sus familiares o amigos se levantaba y se marchaba sin decir una palabra. Excluía de su vida a la gente.

Su entrenador Hank Haney dijo más tarde que, con el paso del tiempo, Tiger adoptó la actitud de que «quienquiera que entrara a su mundo debía considerarse afortunado y acatar las reglas que él imponía». Eso era lo que le habían enseñado sus padres, quienes lo educaron como un príncipe y un prisionero de un experimento psicológico. La fama y la riqueza no hicieron más que contribuir a ello. «Sentí que había trabajado tanto en mi vida que merecía disfrutar de todas las tentaciones que me rodeaban», diría después. «Que tenía derecho a eso. Y, como tenía fama y dinero, no era necesario que buscara demasiado».

Es de suponer que, igual que tantas otras personas de éxito, Tiger era menos feliz a medida que iba logrando más éxitos. Tenía menos libertad. Dormía cada vez menos, hasta que solo podía hacerlo con ayuda de medicamentos. Aun con una esposa brillante y exitosa a la que amaba, aun con dos hijos a los

---

* Después de ese partido, Steve Scott se casó con su caddy, con quien viviría felizmente desde entonces.

que también quería, aun como campeón indiscutible de su deporte, era desdichado, un mal espiritual lo torturaba, y una ansiedad aplastante lo mantenía sin alivio.

Aunque su mente era fuerte, su alma sufría debido a la trágica relación con su padre, por la infancia que había perdido. Sufría porque todo eso le *dolía*: *¿Por qué no soy feliz?*, sin duda pensaba. *¿Acaso no tengo todo lo que deseé alguna vez?*

No fue simplemente que le gustara ganar. Fue que durante mucho tiempo ganar dejó de ser suficiente y no podría «bastar». Le confesó a Charlie Rose: «Ganar era divertido. Vencer a alguien era todavía mejor». Dijo esto *después* de haber sufrido la humillación pública, después de su crisis de muchos años, y después de su periodo de rehabilitación sexual. No había aprendido nada todavía. Aún era incapaz de ver lo que esa actitud le había costado.

Todos tenemos un corazón sediento de ambición: esto es cierto. Pero la forma en que decidimos alimentarlo es importante. Esto determina el tipo de persona que acabaremos siendo, el tipo de problemas en los que nos veremos implicados y si alguna vez nos sentiremos *satisfechos*, si alguna vez conseguiremos alcanzar la quietud.

Cuando, en 2006, el padre de Tiger murió, sus aventuras extramaritales se hicieron frenéticas. Pasaba su tiempo en fiestas y discotecas, en vez de estar en casa con su familia. Su conducta en el campo de golf empeoró, se volvió más distante, más violento. Pasaba demasiado tiempo con miembros de las fuerzas especiales de la Marina, entregado a la fantasía imposible de que podía dejar el golf y ser uno de ellos, a pesar de que tenía más de 30 años —y era una de las personas más famosas del mundo—. Se dice que un fin de semana de 2007 saltó diez veces de un avión. Las lesiones que padece actualmente quizá sean resultado de ese entrenamiento, no del golf, como un accidente que le dislocó la rodilla durante un ejercicio militar mientras «despejaba» un edificio.

Ahí estaba él: en lugar de disfrutar de su riqueza, su éxito y su familia, engañaba a su esposa y jugaba a ser soldado en una suerte de crisis prematura de madurez. «Espejito, espejito mágico, ¿seré como papá después de todo?», comentó acerca de esa situación un amigo de Earl y de Tiger. Lo mismo que tantos de nosotros, Tiger había reproducido de manera inconsciente los peores y más penosos hábitos de sus padres.

Algunos consideran los improductivos años de su retorno al golf como una evidencia de que el egoísmo de su vida previa contribuía a su estilo de juego. O de que la labor que llevó a cabo en su rehabilitación abrió unas heridas que habría sido preferible dejar cicatrizar.

Como si Tiger Woods, un *ser humano*, no mereciera la felicidad y solo existiera para ganar trofeos y entretenernos en la televisión. «¿De qué le vale a un hombre ganar el mundo si pierde su alma?», preguntó Jesús a sus discípulos.

Esa es una pregunta que todos debemos hacernos. Engañar y mentir nunca han ayudado a nadie a largo plazo, ni en el trabajo ni en el hogar. En el caso de Tiger, era tan talentoso que podía salirse con la suya... hasta que ya no pudo.

Al final debes decir la palabra con b, *basta*. O te la dirán a ti. En cierto sentido, el adiestramiento al que su padre lo sometió había triunfado. Tiger Woods era mentalmente fuerte. De sangre fría y talentoso. Pero en todas las demás áreas de su vida era frágil: estaba en bancarrota y desequilibrado. Su quietud solo existía en el campo de golf; en todos los demás sitios estaba a merced de sus pasiones y sus impulsos. Mientras se empeñaba en evitar distracciones —cualquier cosa que se interpusiera en su concentración durante el juego—, expulsaba de su vida otros elementos esenciales: un corazón abierto, relaciones significativas, desinterés, moderación, una noción clara del bien y el mal.

Estos son elementos importantes de una vida equilibrada y también son una fuente de quietud que nos permite soportar la derrota y disfrutar la victoria. La quietud mental será efímera si nuestro corazón está en llamas o si el alma sufre un vacío. Seremos incapaces de ver lo esencial en el mundo si estamos ciegos respecto a lo que ocurre en nuestro interior. No podemos estar en armonía con nadie ni nada si la necesidad de tener cada vez más devora nuestras entrañas como un gusano.

«Cuando vives mintiendo todo el tiempo, la vida deja de ser agradable», señaló Tiger tiempo después. No es agradable cuando tu vida está desequilibrada. Cuando tu vida gira única y exclusivamente en torno a ti, es peor que desagradable: está vacía y es atroz. Tiger Woods no era solo un solitario; como muchos de nosotros en el mundo moderno, era *una isla*. Nadie que haya conocido sus interminables amoríos tendrá la sensación de que los disfrutaba o le daban placer. De hecho, da la impresión de que deseaba que lo sorprendieran. Así podría pedir ayuda.

No es preciso que juzguemos a Tiger Woods. Aprendamos de él, de su caída, tanto como de su largo y valiente retorno; tras el cual ganó el Masters en 2019, a los 43 años de edad, con una fusión espinal mientras su hijo lo vitoreaba. Porque compartimos los mismos defectos y debilidades, y el mismo potencial para la grandeza, si estamos dispuestos a trabajar.

Marco Aurelio se cuestionaba: «¿Qué tengo ahora en esa parte que precisamente llaman *guía interior*, y de quién tengo alma en el momento presente. ¿Acaso de un niño, de un jovencito […], de un tirano, de una bestia, de su presa?».

Debemos hacernos estas preguntas especialmente a medida que vamos teniendo éxito.

Uno de los mejores relatos de la literatura zen consta de una serie de diez poemas sobre un agricultor y sus dificultades con un toro. Se trata de una alegoría de la conquista del yo, y los títulos de cada uno describen el trayecto que nos corresponde seguir: buscamos al toro, rastreamos sus huellas, lo hallamos, lo atrapamos, lo domesticamos y lo montamos de vuelta a casa.

Al principio, la fiera es indomable, salvaje e imposible de contener. Pero el mensaje es que con esfuerzo y perseverancia, con conciencia de sí y paciencia —con *iluminación*, en realidad—, al final domaremos las emociones y los impulsos internos. Como dice uno de los poemas:

Si está bien domesticado
llega a ser dócil con naturalidad.
Entonces, sin herraduras, obedecerá a su dueño.

El narrador se encuentra en un estado de paz y serenidad. Ha domado su espíritu salvaje.

Eso es lo que debemos intentar. Desde tiempos inmemoriales, la gente ha tenido problemas para adiestrar y controlar las fuerzas que residen en lo más profundo de su ser, con la intención de hallar serenidad y preservar sus conquistas. ¿De qué sirve ser racional en el trabajo si nuestra vida personal es una desastrosa serie de fracasos? ¿Cuánto tiempo podremos mantener separadas ambas esferas? Podrás gobernar ciudades o un gran imperio, pero si no te controlas a ti mismo, todo será en vano.

La tarea que debemos realizar ahora es menos cerebral y más espiritual. Es una labor que radica en el *alma* y el *corazón*, no en la mente. Porque el espíritu es la clave de nuestra felicidad (o infelicidad), satisfacción (o descontento), moderación (o glotonería) y quietud (o perturbación).

Por eso, quienes buscan quietud deben…

- Desarrollar una sólida brújula moral.
- Evitar la envidia, los celos y los deseos nocivos.
- Aceptar las dolorosas heridas de su infancia.
- Practicar la gratitud y el aprecio por el mundo que los rodea.
- Cultivar las relaciones y el amor en su vida.
- Depositar su fe y su control en manos de algo más grande que ellos.
- Comprender que nunca habrá «suficiente» y que el desenfrenado deseo de tener más provoca la carencia.

Nuestro espíritu es el ámbito en el que aseguramos nuestra felicidad o nuestra infelicidad, nuestra satisfacción o nuestro vacío, y donde determinamos en definitiva la medida de nuestra grandeza.

Por eso debemos mantenerlo en buen estado.

Fíjate en la reacción que tuvo el político canadiense Jagmeet Singh ante una manifestante enfadada durante un acto de la campaña electoral. Cuando la mujer se acercó y empezó a gritarle en contra del islam —pese al hecho de que él es sij—, Singh contestó con dos de sus propios epítetos que lo caracterizaban: «amor y valor». Entonces, la multitud a su lado empezó a corear con él: «Amor y valor. Amor y valor. Amor y valor».

Podría haber abandonado el acto o contestar de forma cruel, pero mantuvo la calma, y esas dos palabras le ayudaron a enfocarse en una situación que no solo ponía en peligro su carrera, sino que quizá representaba una amenaza para su vida.

Situaciones diferentes demandan virtudes y calificativos de la personalidad distintos. Cuando asumimos una responsabilidad difícil, podemos decirnos una y otra vez: «fortaleza y valor». Antes de una conversación delicada con alguien importante para nosotros: «paciencia y bondad». En momentos de crueldad y corrupción: «humanidad y honestidad».

El prodigio del libre albedrío es que en esta vida podemos escoger ser buenos o ser malos. Podemos elegir las normas que respetaremos y lo que juzgaremos importante, honorable y admirable. Las decisiones que tomemos a este respecto determinarán si experimentaremos paz o no.

Por eso, cada uno de nosotros debe examinarse. ¿A favor de qué estamos? ¿Qué creemos esencial e importante? ¿Cuál es nuestro propósito en la *vida*? En la médula de nuestros huesos, en el fondo de nuestro corazón, conocemos la respuesta. El problema es que la rapidez de la vida y el esfuerzo por mantener una carrera y sobrevivir en el mundo, se interponen entre nosotros y ese conocimiento de nosotros mismos.

Confucio decía que la virtud es como la estrella polar. No solo orienta al navegante, sino que también atrae a los viajeros. Epicuro, a quien la historia ha catalogado inmerecidamente como hedonista, sabía que la virtud era la vía hacia la calma y la felicidad. De hecho, creía que la virtud y el placer son los dos lados de una misma moneda. Como dijo:

> Es imposible vivir de modo placentero sin vivir también razonable, noble y justamente, y al revés: es imposible vivir razonable, noble y justamente sin hacerlo también de modo placentero. Una persona sin una vida placentera no vive razonable, noble y justamente, y una persona que no posee estas virtudes no puede vivir con placer.

Donde hay virtud, hay belleza y felicidad.

Confucio escribió que «el caballero es dueño de sí mismo y vive relajado, mientras que el mezquino está perpetuamente preocupado». Considérese el caso de Séneca, otro filósofo estoico quien, como Marco Aurelio, vivía de la política. Al igual que nosotros, Séneca estaba lleno de contradicciones. Por una parte, sus textos contienen algunas de las más hermosas meditaciones sobre la moral y la autodisciplina que se hayan escrito hasta nuestros días, y obviamente son resultado de una increíble concentración y claridad mental. Por otra, él era un creyente en el mérito propio, un ambicioso escritor político que aspiraba ser recordado tanto por su prosa como por sus acciones políticas.

En la cima de su carrera, sirvió de consejero al emperador Nerón. Al principio, Nerón fue un prometedor discípulo suyo, que sin embargo después se interpuso en el trabajo de su maestro. Estaba perturbado y era egoísta. Era vulnerable a las distracciones, paranoico e insensible. Imagina que dedicaras tus noches a escribir acerca de la importancia de hacer lo correcto, de moderación y sabiduría, y que de día tuvieras que ayudar a tu omnipotente jefe a justificar sus intentos de asesinar a su madre. Séneca sabía que debía apartarse; quiso hacerlo, pero no lo consiguió.

¿Qué es la virtud?, se preguntaba. Su respuesta: «Un juicio firme y verdadero». Y de la virtud se desprenden buenas decisiones, paz y felicidad. Emana del alma y gobierna la mente y el cuerpo.

No obstante, cuando se analiza la vida de Séneca, se tiene la idea de que era el tipo de hombre cuya ambición no le brindó mucha paz y afectaba sus decisiones. Escribió con elocuencia sobre el sinsentido de la riqueza, pero al final se hizo con una fortuna enorme por medios cuestionables. Pese a que creía en la misericordia, la bondad y la compasión, sirvió por voluntad propia a dos emperadores probablemente psicópatas. Era como si no creyera lo suficiente en su propia filosofía como para ponerla en práctica; no podía aceptar que la virtud procurara lo suficiente para vivir.

El dinero, el poder y fama eran un poco más apremiantes.

Séneca conocía el camino de la virtud, pero perseguía las recompensas que lo alejaban de él. Esta decisión le costó muchas noches de insomnio y lo colocó en dilemas éticamente agobiantes. Al final, le costó la vida. En el año 65 d. C., Nerón se volvió contra su antiguo maestro y lo forzó a suicidarse; el mal que Séneca había racionalizado durante tanto tiempo le acabó costando la vida.

No cabe duda de que es posible progresar en la vida por medio de engaños y mentiras, y comportándose muy mal con todos. Esta podría ser incluso una manera rápida de llegar a la cumbre. Pero ocurre a expensas no solo de tu respeto por ti mismo, sino también de tu seguridad.

La virtud, por otra parte, aunque parezca increíble, es una forma mucho más accesible y duradera de tener éxito.

¿A qué se debe esto? El reconocimiento depende de los demás. El enriquecimiento requiere oportunidades de negocios. Tus metas podrían verse obstruidas por el clima con la misma facilidad con que podría hacerlo un dictador. ¿Pero la virtud? Nadie puede impedirte que sepas lo que es bueno. Nada se interpone entre eso y tú... más que tú mismo.

Cada uno de nosotros debe cultivar un código moral, un alto estándar que apreciemos casi más que la vida misma. Cada uno debe preguntarse: *¿Qué es lo más importante para mí? ¿Por qué estaría dispuesto a morir antes que traicionar? ¿Cómo voy a vivir y por qué?*

Estos interrogantes no son preguntas banales o irrelevantes de un cuestionario de personalidad. Debemos conocer las respuestas si anhelamos el sosiego —y la fortaleza— que emerge de nuestra virtud.

La virtud debe ser invocada en los momentos más difíciles de la vida, como la encrucijada en la que Séneca se vio cuando se le pidió que sirviera a Nerón. Heráclito decía que carácter es destino. Tenía razón. Si desarrollamos un buen carácter, sólidos epítetos para nuestra personalidad, no nos arrepentiremos cuando realmente debamos aplicarlos.

Cuando los demás teman y sean tentados, seremos virtuosos.

Estaremos tranquilos.

SANA A TU NIÑO INTERIOR

El niño dentro de mí está… y a veces no tanto.

FRED ROGERS

Siempre hubo algo infantil en Leonardo da Vinci. De hecho, esto es lo que explica que fuese tan brillante como artista: su ingenuidad, su curiosidad, su fascinación por inventar y crear. Pero detrás de ese espíritu lúdico había una tristeza profunda, un dolor arraigado en los sucesos iniciales de su existencia.

Nació en 1452, como hijo ilegítimo de una próspera familia de notarios. Aunque en su momento el padre invitó a su hijo bastardo a que viviera con él y le ayudó a conseguir su primer empleo como aprendiz de artista, el distanciamiento entre ellos jamás se acortó.

Por aquel entonces, era común que el hijo mayor de un profesional eminente, como lo era el padre de Leonardo, fuera elegido para adoptar el oficio de su progenitor y asumiera después el control del negocio. Aunque técnicamente el gremio de los notarios no reconocía a un heredero *non le-gittimo*, resulta asombroso que Piero da Vinci no se presentara ante el magistrado local para reconocer a su hijo.

El padre tuvo doce descendientes más, nueve de ellos varones. Cuando murió, no dejó testamento; un acto que, tratándose de un notario familiarizado con la ley, solo significaba una cosa: que desheredaba legalmente a Leonardo en favor de sus «verdaderos» hijos. Como más tarde escribiría Walter Isaacson, su biógrafo, con esa exclusión y la renuncia a aceptarlo del todo, Piero da Vinci le dejó «como principal legado a su hijo una necesidad insaciable de un protector incondicional».

De hecho, toda la vida artística de Leonardo exhibe una búsqueda casi infantil de amor y aceptación de los poderosos para los que trabajaba. Sirvió devotamente a su primer mentor, Andrea del Verrocchio, durante más de once años —hasta que cumplió 25 años—, un periodo increíblemente largo para un talento tan pródigo —Miguel Ángel rompió con su maestro a los 16 años—. ¿Qué pudo atraer a un alma tan cándida como la de Leonardo hacia Cesare Borgia, un asesino psicópata? Borgia era el único mecenas que estaba dispuesto a examinar y considerar los inventos militares de Leonardo, proyecto que fue su pasión por mucho tiempo. De Milán a Francia, y luego al Vaticano, Leonardo viajó mucho durante su carrera en busca del apoyo financiero y la libertad artística que pensaba que lo harían sentirse realizado.

Varias veces se marchó con su taller a cuestas fruto de alguna rabieta, dejando encargos inconclusos. Esto se debía en ocasiones a un desaire, aunque por lo general obedecía al hecho de que su mecenas no podía ser todo lo que Leonardo quería de él. El trasfondo de sus airadas cartas y obras a medio terminar nos recuerda el modo en que hablaría hoy cualquier adolescente enfadado: *No eres mi padre. No puedes decirme lo que tengo que hacer. No es cierto que me quieras. Te lo voy a demostrar.*

Muchos de nosotros arrastramos heridas de nuestra niñez. Quizás alguien no nos trató bien, tuvimos alguna experiencia terrible o nuestros padres estaban demasiado ocupados, eran muy críticos o estaban muy apegados a sus asuntos como para darnos lo que necesitábamos.

Esas situaciones sensibles definen las decisiones que tomamos y las acciones que emprendemos, a pesar de que no siempre seamos conscientes de ello.

La siguiente reflexión debería resultarnos un alivio: la causa de nuestra ansiedad y nuestra preocupación, de nuestras frustraciones y de nuestra dificultad para mantener una relación o aceptar una crítica no es nuestra. Bueno, en realidad, sí que es nuestra, pero no de nuestro yo *adulto*. Es culpa del chico de 7 años que vive en nosotros. El que fue herido por papá y mamá, el dulce e inocente niño que pasaba inadvertido.

Piensa en Rick Ankiel, uno de los principales lanzadores del béisbol en la historia. Tuvo una niñez brutal al lado de un padre abusivo y un hermano narcotraficante. Se obstinó toda la vida en reprimir ese dolor e indefensión, y concentró su habilidad en el campo de juego, lo que lo convirtió en el mejor proyecto de lanzador en las ligas menores. Pero de repente, justo cuando su carrera empezaba a despuntar, en el primer juego de los *playoffs* de 2000, frente a millones de personas, perdió la habilidad de controlar sus lanzamientos.

¿Qué había ocurrido? Unos días antes, habían encarcelado a su padre y a su hermano por narcotráfico, y Rick se había presentado en el tribunal para verlos. Durante años había huido de ese dolor y esa cólera, hasta que al final explotaron e hicieron trizas el delicado equilibrio que todo buen lanzador requiere. Rick necesitó años de terapia con Harvey Dorfman, el brillante y paciente psicólogo deportivo, para recuperar sus dones, aunque solo hasta cierto punto. Ankiel lanzaría cinco veces más en su carrera, ninguna de ellas como titular. Pasó el resto del tiempo en el jardín central, la posición más alejada del pícher.

Sigmund Freud escribió sobre lo común que resulta que deficiencias grandes y pequeñas a una edad temprana originen actitudes tóxicas y turbulentas en la vida adulta. Cualquier motivo puede provocar que se nos clave alguna astilla en el pecho: no haber nacido lo bastante ricos, hermosos o dotados, no haber tenido la atención de los demás, porque debíamos usar gafas o nos enfermábamos mucho o no podíamos permitirnos vestir ropa elegante. Algunos somos como Ricardo III y creemos que una deformidad nos da derecho a ser egoístas, malvados o insaciablemente ambiciosos. Como explicó Freud: «Todos exigimos una reparación por las heridas tempranas a nuestro narcisismo», pensando que se nos debe porque fuimos agraviados o privados de algo —eso le sucedió a Tiger Woods—.

Es muy peligroso, sin embargo, crear un monstruo para proteger a tu resentido niño interior.

Vivir con la inseguridad, la ansiedad, el sentirse perseguido, sentirse con la necesidad de demostrar a los demás que están equivocados. El deseo de encontrar al padre, que Leonardo tenía. Todo ese trauma, que provoca una serie de adaptaciones desarrolladas a una temprana edad para dotar de sentido al mundo, no facilitan nuestra vida. Al contrario. ¿Quién puede ser feliz así? ¿Pondrías a un chico de 9 años a cargo de cualquier cosa estresante, peligrosa o importante?

El productor cinematográfico Judd Apatow se ha referido a algo que comprendió tras un gran altercado ocurrido en el transcurso de la filmación de una de sus películas. Durante años había interpretado cada comentario que recibía por parte del estudio o de los ejecutivos, cada intento de restricción o influencia, como si fuera la odiosa interferencia de sus padres. Instintiva y emocionalmente, combatía y se resistía a cada intervención. *¿Quiénes son esos idiotas para decirme qué hacer? ¿Por qué siempre quieren darme órdenes? ¿Por qué son tan injustos?*

En más de una ocasión, todos hemos reaccionado exageradamente a comentarios inofensivos de alguien, o hemos protestado cuando una figura de autoridad ha intentado dirigir nuestras acciones, o nos hemos sentido atraídos por un tipo de relación que nunca termina bien, o por una conducta que sabemos que es la equivocada. Es casi primitivo cuán profundos son esos sentimientos; están arraigados en nuestra infancia.

Fue preciso que Apatow recurriera a terapia y autorreflexión —y, quizá también, a las observaciones de su esposa— para que comprendiera que el estudio de cine *no eran sus padres*. Simplemente se trataba de una transacción de negocios y de establecer un diálogo creativo, en ningún caso era un chico talentoso controlado por padres ausentes.

Con esa constatación llegó la quietud, y con ella las discusiones de trabajo se volvieron menos intensas. Piensa en ello: ¿Cuánto mejor y menos aterradora es la vida cuando no la vemos desde la perspectiva de un niño asustado y vulnerable? ¿Cuánto más ligera será nuestra carga si no le añadimos carga extra?

Curar las heridas requerirá paciencia, empatía y verdadero amor a uno mismo. Como escribió Thich Nhat Hanh:

> Después de reconocer y aceptar a tu niño interior, la tercera función de la atención es aplacar y aliviar nuestras emociones difíciles. Abrazar afectuosamente a ese niño suaviza esas emociones y nos hace sentir aliviados. Cuando reconocemos nuestras emociones intensas con atención y concentración, somos capaces de ver las raíces de esas formaciones mentales. Sabemos de dónde proceden nuestros sufrimientos. Cuando vemos las raíces de las cosas, nuestro sufrimiento disminuye. Así, la atención reconoce, acepta y alivia.

Date tiempo para pensar en el dolor de las primeras experiencias que aún llevas contigo. Piensa en la «edad» de las reacciones emocionales que experimentas cuando te sientes lastimado, traicionado o inesperadamente desafiado de algún modo. Ese es tu niño interior. Quiere que lo abraces. Necesita que le digas: «No pasa nada, amigo. Sé que estás herido, pero yo me ocuparé de ti».

El adulto funcional interviene para reafirmar y tranquilizar. Para hacer posible la quietud.

Nos lo debemos a nosotros mismos, tanto como a aquellos con quienes convivimos. Cada uno de nosotros debe romper el eslabón de la cadena de lo que los budistas llaman *samsara*, la perpetuación del sufrimiento de la vida de una generación a otra.

El comediante Garry Shandling perdió a su hermano, Barry, cuando tenía 10 años, a causa de una fibrosis quística, y pasó el resto de su vida a merced de su desconsolada y controladora madre, tan consternada por haber perdido a su hijo mayor que le prohibió a Garry asistir al sepelio para que no la viera llorar.

Pero un día, ya como hombre adulto, Garry escribió en su diario una fórmula que podría ayudarle a vencer ese dolor, y no solo a curar a su propio niño interior, sino también a transmitir esa lección a los muchos niños que tuvo como mentor y veterano del espectáculo.[*] Esa fórmula era simple, y resulta clave para romper el ciclo y atenuar la profunda angustia que llevamos dentro:

Da más.
Da lo que no tuviste.
Ama más.
Olvida la vieja historia.

Supérala si puedes.

---

[*] Casualmente Judd Apatow fue uno de los más exitosos.

CUÍDATE DEL DESEO

Cada hombre tiene una pasión que corroe su
corazón, como cada fruto tiene su gusano.

ALEXANDRE DUMAS

John F. Kennedy alcanzó una grandeza indiscutible por
medio de la quietud en aquellos trece fatídicos días de
octubre de 1962. El mundo le estará siempre en deuda. Pero
no permitamos que un momento radiante eclipse el hecho
de que, como todos, también él tenía demonios que lo perse-
guían y torturaban, y que socavaron esa grandeza y su quietud.

Kennedy creció en un hogar cuyo padre llevaba con frecuencia a sus amantes a cenar, así como a las vacaciones familiares. Era un hogar en el que la rabia y la ira también eran
comunes. «Cuánto odio a ese hijo de perra», solía decir Joseph
Kennedy, «lo odio a muerte». No es de sorprender entonces
que su hijo desarrollase sus propios malos hábitos y que bata-
llase para controlar sus apetitos y sus impulsos.

La primera vez que el impulso sexual de Kennedy lo metió en problemas fue en los primeros días de la Segunda Guerra Mundial, cuando salía con Inga Arvad, una hermosa periodista neerlandesa que muchos sospechaban que era una espía nazi. Cuando luchaba por la presidencia tuvo una aventura con Judith Exner, la novia de Sam Giancana, gánster de Chicago. Pero, en lugar de asumir las consecuencias de esos graves errores de juicio, Kennedy salió impune de todos ellos; hecho que no hizo sino acentuar su arriesgado comportamiento.

Kennedy nunca fue nada romántico. Sus novias describían su insaciable pero indiferente apetito sexual. Según el relato de una de ellas, el sexo era para él «solo una actividad física y social», una manera de evitar el aburrimiento o de obtener un estímulo. La otra persona no le importaba lo más mínimo, y con el paso del tiempo también dejó de interesarle el placer que derivaba de ello. Como le dijo al primer ministro de Gran Bretaña en un momento de incómoda franqueza: si no tenía sexo durante varios días, le daban dolores de cabeza —su padre les confiaba que no podía dormir a menos que «se hubiese dado un revolcón»—. Debido a los terribles dolores de espalda que Kennedy sufría, es probable que el sexo haya resultado doloroso para él, aunque nunca permitió que eso lo detuviera.

En un episodio vergonzoso, cuando las fuerzas soviéticas y estadounidenses estaban al borde de la guerra nuclear durante la crisis de los misiles, Kennedy llevó a una estudiante de 19 años de Wheaton College a una cita en un hotel cerca de la Casa Blanca. Y ahí estaba él, un hombre que no tenía idea de cuánto más viviría, que trabajó con una dedicación inhumana en esa crisis para contener los peligrosos impulsos de los enemigos de su nación... engañando a su esposa y eligiendo pasar los que habrían podido ser sus últimos momentos en este mundo entre las sábanas y con una chica de la mitad de su edad, en lugar de hacerlo con su asustada y vulnerable familia.

Esto no parece quietud. Tampoco es particularmente glamoroso.

Más bien parece ser el comportamiento de un hombre espiritualmente destruido, a merced de sus impulsos, incapaz de pensar o priorizar con claridad. Pero, antes de que condenemos a Kennedy como un adicto o abusador despreciable, consideremos nuestras propias carencias. ¿Acaso no caemos presos de diferentes deseos en nuestra vida personal? ¿No sabemos lo que no deberíamos hacer y de todos modos lo hacemos?

El deseo desbocado destruye la paz en nuestra vida: ansia de una persona hermosa, deseo de un orgasmo, sed de una persona distinta a aquella con la que estamos comprometidos, ansia de poder, sed de dominación, deseo de cosas ajenas, lujuria por las cosas más lujosas, mejores y más caras que el dinero puede comprar.

¿Esto no es contrario al dominio de nosotros mismos que decimos anhelar?

Una persona esclavizada por sus impulsos no es libre, sea un fontanero o un presidente.

¿Cuántos grandes hombres y mujeres acaban perdiendo todo —tras las rejas en algunos casos— porque dan rienda suelta a sus inagotables apetitos, cualesquiera que sean?

El poder, el sexo y la fama son placenteros. La forma más común del deseo es la *envidia*, el ansia por aquello que los demás tienen, por la única razón que lo tienen. Una frase brillante del escritor Joseph Epstein es esta: «De los siete pecados capitales, la envidia es la única que no es divertida». Demócrito había dicho dos mil cuatrocientos años antes: «Un hombre envidioso se aflige a sí mismo como si fuera su enemigo».

Nadie bajo el yugo de la envidia o los celos está en condiciones de pensar claramente o de vivir en paz. ¿Cómo podría hacerlo?

Este es un interminable ciclo de desdicha. Envidiamos a alguien que envidia a alguien más. El obrero quiere ser millonario, el millonario envidia la simple vida del empleado de nueve a cinco. El famoso anhela recuperar la vida privada a la que muchos otros renunciarían gustosamente; el hombre o la mujer con una pareja hermosa solo piensa en alguien un poco más bello. Da mucho que pensar que aquel al que envidiamos en realidad podría envidiarnos a nosotros.

En la envidia hay también un sustrato de inmadurez: «quédate con tu pastel y cómetelo». No nos conformamos con desear lo que otros tienen; queremos conservar todo lo que tenemos y además lo que tienen los demás, aunque ambas cosas sean mutuamente excluyentes —y, encima de eso, también queremos que los demás ya no lo tengan—. Pero, si tuvieras que cambiar tu lugar con la persona a la que envidias, si tuvieras que renunciar a tu manera de pensar, a tus principios y tus logros más enorgullecedores, ¿lo harías? ¿Estarías dispuesto a pagar el precio que esa persona pagó para tener lo que codicias?

Seguramente no.

El supuesto hedonista Epicuro dijo una vez que «el deseo sexual nunca ha beneficiado a ningún hombre, y debe considerarse afortunado todo aquel a quien no le hicieron daño alguno». Dio con una buena solución cada vez que se sentía atraído por un deseo intenso: *¿Qué será de mí si consigo lo que quiero? ¿Cómo me sentiré después?*

La verdad es que la *mayoría* de los deseos son en esencia emociones irracionales, y por eso la quietud requiere que los analicemos. Debemos considerar la inevitable resaca antes de tomar alcohol. Cuando hacemos esto, los deseos pierden una parte de su poder.

Para los epicúreos, el verdadero placer era liberarse respecto al dolor y la agitación. Si querer algo te vuelve miserable mientras no lo tienes, ¿eso no disminuye su valor? Si obtener lo que «quieres» tiene también sus consecuencias, ¿es realmente placentero? Si el mismo impulso que te ayuda a alcanzar el éxito también te lleva inevitablemente a extralimitarte o excederte, ¿es una verdadera ventaja?

Quienes buscan la quietud no están obligados a ser ascetas o puritanos. Pero podemos dedicar tiempo a percatarnos de la gran fuerza y el poder que el deseo ejerce sobre nosotros y que, más allá del momentáneo placer que puede darnos, nos priva de la profunda paz que perseguimos.

Piensa en las ocasiones en que te sientes realmente bien. No es cuando suspiras por algo. Tampoco cuando lo obtienes. Siempre hay un punto de contrariedad o desilusión en el momento en que consigues algo.

En la Bhagavad Gita, Krishna llama al deseo «el enemigo siempre presente del sabio; […] el cual como un fuego no halla nunca satisfacción». Los budistas encarnaban este demonio en la figura de Mara. Decían que Mara había querido tentar y distraer a Buda del camino de la iluminación, de la quietud. Cuando Leonardo da Vinci escribió en su cuaderno acerca de cómo retratar la envidia, dijo que debía ser representada como una vieja enjuta, debido a su estado de perpetuo tormento. «Que su corazón sea mordido por una serpiente enorme, que cabalgue a lomos de la muerte, porque la envidia no muere nunca». Sería difícil hallar una mejor descripción del deseo: Leonardo aseguró que nos coloca «al nivel de las bestias».

Nadie es perfecto. Nuestra biología y patología inevitablemente nos harán tropezar. Necesitamos entonces una filosofía y un firme código moral —esa noción de virtud— que nos ayuden a resistir cuanto podamos y que nos den fuerza para recuperarnos de las caídas y cuando tratemos de mejorar.

También podemos apoyarnos en herramientas que nos ayuden a resistir los deseos perjudiciales. San Atanasio de Alejandría escribió en su *Vita Antonii* que uno de los beneficios de llevar un diario —*confesiones*, como los cristianos llamaban al género— es que le ayudaba a dejar de pecar. Mediante la observación y el posterior registro de su conducta, él podía responsabilizarse y superarse:

> Percibamos y escribamos nuestras acciones e impulsos del alma […] como si los reportáramos a otros; ten la seguridad de que, a causa de la enorme vergüenza de

ser sorprendidos, dejaremos de pecar y de albergar pensamientos pecaminosos. [...] Así como no nos entregaríamos a la lujuria a la vista de otros, debemos escribir nuestros pensamientos como si los dijéramos a alguien más, y nos protegeremos más contra los malos pensamientos por vergüenza a que nos descubran. Permite entonces que el informe escrito sea presentado ante los ojos de otros ascetas, para que el sonrojo de escribir algo como si lo viéramos nos lleve a no ponderar nunca el mal.

Tener un impulso y resistirlo, examinarlo y dejarlo pasar como un mal olor: así desarrollaremos nuestra fortaleza espiritual. Así seremos lo que queremos ser en este mundo.

Solo quienes se dan el tiempo de explorar, cuestionar y extrapolar las consecuencias de sus deseos tienen la oportunidad de vencerlos e impedir el arrepentimiento de consentirlos. Solo ellos saben que el auténtico placer reside en tener un alma fiel y estable, segura y feliz.

¡BASTA!

La historia no relata ningún caso en el que un
conquistador se haya excedido en sus conquistas.

STEFAN ZWEIG

Los escritores Kurt Vonnegut, autor de *Matadero cinco*, y
Joseph Heller, autor de *Trampa 22*, se encontraron una vez
en una fiesta en un lujoso barrio a las afueras de Nueva York.
Ambos estaban charlando en una de las estancias de la casa pala-
ciega de un aburrido multimillonario, cuando Vonnegut le soltó
a su amigo:

—Joe —le dijo—, ¿qué se siente al saber que nuestro
anfitrión ganó ayer más dinero del que tú has recibido por tu
novela desde que se publicó?

—Poseo algo que él nunca podrá conseguir —respondió
Heller.

—¿Y qué diablos es? —inquirió Vonnegut.

—Saber que con lo que tengo me basta.

Si recuerdas, Earl Woods llamaba a esto la letra con b, como si fuera una palabrota, cuando lo cierto es que la palabra *basta* tiene connotaciones muy buenas.

Imagina la quietud que la sensación de suficiencia aportó a Heller y a todos los que la tienen. Ninguna necesidad incesante, ninguna inseguridad nacida de la comparación. ¿Sentirte *satisfecho* contigo mismo y tu trabajo? ¡Qué gran don!

No es suficiente con decir la palabra «basta». Se requiere un trabajo introspectivo de profunda naturaleza espiritual para comprender lo que esa idea significa, una labor que podría destruir ilusiones y suposiciones que hemos mantenido toda la vida.

John Stuart Mill, el filósofo y niño prodigio que antes de alcanzar la pubertad ya leía y dominaba la casi totalidad de los principales textos clásicos en griego o latín, ilustra lo aterrador que puede ser este proceso. Sumamente motivado —por su padre y por sí mismo—, un día, cuando tenía 20 años, dejó de pensar por primera vez en lo que perseguía. Y escribió:

> Se me ocurrió plantearme directamente una pregunta: «Imagina que todos tus objetivos en la vida se realizaran; que todos los cambios en instituciones y opiniones que tanto ansías se consumaran por completo en este instante: ¿esta sería para ti una gran alegría y felicidad?». Y mi irreprimible conciencia me contestó sin confusión: «¡No!». Esto me desanimó; el fundamento entero sobre el que había construido mi vida se vino abajo.

Lo que siguió fue un devastador colapso mental que requirió varios años de recuperación. Pero es probable que Mill haya tenido suerte de sufrir eso tan pronto. La mayoría no aprende *nunca* que sus logros no le proporcionarán el alivio y la felicidad prometidos. O lo comprende solo después de mucho tiempo y dinero, después de sacrificar en nombre del éxito numerosas relaciones y momentos de paz interior. Llegamos a la meta nada más para pensar: *¿Esto es todo? ¿Y ahora qué?*

Esta es una penosa encrucijada. O peor aún, un dilema que ignoramos, pues reprimimos esas sensaciones de crisis existencial bajo un consumo absurdo, más ambición y la ilusión de que hacer más y más de lo mismo dará al final resultados diferentes.

En cierto sentido, esta es la maldición de una de nuestras virtudes. Nadie logra la excelencia o la iluminación sin el deseo de mejorar, sin la tendencia a explorar posibles áreas de superación. Pero el deseo —o la necesidad— de más suele ser contrario a la felicidad. Billie Jean King, la gran tenista, se refirió a que la mentalidad que lleva a un atleta a la cumbre frecuentemente le impide disfrutar de aquello por lo que luchó. La necesidad de avanzar se opone al disfrute del *proceso*.

No hay quietud para quien no aprecia las cosas como son; en particular, cuando esa persona objetivamente ha hecho tanto. Las ganas de acumular más son como una hidra. Logra algo —para quitarlo de la lista— y dos necesidades más aparecerán en su lugar.

Las mejores revelaciones sobre la *satisfacción* nos han llegado de Oriente. «Cuando notas que no falta nada», dice Lao Tsé, «el mundo entero te pertenece». He aquí unos versos del *Daodejing*:

No existe desgracia mayor que no conocer satisfacción.
La palabra desgracia es el deseo de adquirir.
Así, quienes saben del contento del contento
estarán contentos por siempre.

Los filósofos occidentales han lidiado con el equilibrio entre tener más y estar satisfecho. Epicuro dijo: «Nada es suficiente para el hombre para quien lo suficiente es muy poco». Thomas Traherne: «Tener bendiciones y apreciarlas es estar en el cielo; tenerlas y no apreciarlas es estar en el infierno. [...] Quererlas y no tenerlas es estar en el infierno». Los estoicos, quienes vivieron en el mundo material de un imperio en su apogeo, sabían la verdad acerca del dinero. Séneca lo poseía en abundancia y estaba al tanto de lo poco que se correspondía con la calma. Su obra está llena de casos de personas que acabaron en la ruina y la miseria por perseguir dinero que no necesitaban y honores por encima de los que les correspondían.

Moderación. Esa es la clave. Racionalmente lo sabemos. Lo *sentimos* solo en flashes de lucidez o tragedia.

En 2010, Marco Rubio recorría los pasillos de su residencia mientras hacía llamadas para recaudar fondos destinados a su batalla por el senado cuando su hijo, de 3 años de edad, salió por la puerta trasera y cayó a la piscina. Rubio había oído la campana de la puerta cuando se abrió, pero supuso que alguien más prestaría atención, así que prosiguió con su importante llamada telefónica. Minutos más tarde halló a su hijo flotando bocabajo en el agua, apenas respiraba.

Aun después de esta tragedia casi fatal, retomó de inmediato su trabajo; su ambición, como la de Lincoln, era como un «pequeño motor que no sabía descansar». Solo con la distancia se dio cuenta del coste de ese impulso, de las cosas importantes que pasamos por alto cuando nos entregamos completamente a nuestro deseo. Como él mismo escribió:

Ahora comprendo que la inquietud que sentimos cuando hacemos planes y perseguimos nuestras ambiciones no procede de su importancia para nuestra felicidad y nuestro deseo de alcanzarla. Somos incansables porque en el fondo sabemos que nuestra felicidad está en otra parte, y nuestro trabajo, por muy valioso que sea para nosotros o para los demás, no puede reemplazarla. Pero nos apremiamos de todas formas, y atendemos nuestros negocios porque necesitamos sentirnos importantes, y no siempre nos damos cuenta de que ya lo somos.

¿Alguna vez has sostenido una medalla de oro, un Grammy o un anillo de la Super Bowl? ¿Alguna vez has visto un saldo bancario que ascienda a siete dígitos? Quizá te haya sucedido algo similar, tal vez tú mismo poseas esas cosas. De ser así, lo sabes: son bellas, pero no cambian nada. No pasan de ser meras piezas de metal, papel sucio en tu bolsillo o placas en una pared. No están hechas de nada lo bastante fuerte o maleable para llenar el más diminuto vacío en el alma de una persona. Ni prolongan la vida un minuto siquiera. Al contrario, ¡podrían acortarla!

También pueden robar la alegría de lo que nos gustaba hacer antes. *Tampoco* hacen nada por quien se *siente menos*, por quien no ve la riqueza que recibió al nacer y la que ha acumulado en sus relaciones y experiencias. Resolver tu problema de pobreza es una meta alcanzable que puede cumplirse con el ingreso y el ahorro. Nadie podría afirmar lo contrario. El problema es cuando pensamos que esas actividades son capaces de resolver nuestra *pobreza espiritual*.

Éxito, dinero, fama, respeto... eso o no hará jamás que una persona se sienta satisfecha.

Si crees que habrá un momento en que sentirás que «lo lograste», y que por fin serás *bueno*, te expones a una sorpresa desagradable. O peor todavía, a una tortura digna de Sísifo, en la que siempre que esa sensación parece estar a tu alcance, la meta se desplaza unos metros más hacia arriba haciéndola inalcanzable.

Nunca te sentirás bien por la vía de los logros externos. La *satisfacción* viene de adentro. De bajarse del tren. De ver lo que ya tienes, lo que siempre has tenido.

Si una persona puede hacer eso, es más rica que cualquier multimillonario, más poderosa que cualquier soberano.

Pero, en vez de tomar este camino al poder, elegimos la ingratitud y la inseguridad de necesitar más y más. «Estamos aquí como si el agua de los grandes océanos nos llegara a los hombros y la cabeza», dijo el maestro zen Gensha, «sin embargo, extendemos lastimosamente las manos en busca de agua». Creemos necesitar más, y no nos damos cuenta de que ya tenemos mucho. Trabajamos con tanto ahínco «por nuestra familia» que no advertimos la contradicción: que apenas la vemos precisamente a causa de nuestro trabajo.

Basta.

Se entiende perfectamente la preocupación que ese «conformismo» suponga el fin de nuestras carreras; que, si damos por satisfecho ese impulso, todo el progreso de nuestro trabajo y nuestra vida pare en seco. *Si todos se sintieran bien, ¿por qué seguirían esforzándose tanto?* Primero, hay que señalar que esta preocupación, en sí misma, es difícilmente un estado de ánimo ideal. Nadie hace mejor su trabajo impulsado por la ansiedad, y nadie debería alimentar su inseguridad para lograr ciertas cosas. Eso no es productividad, es esclavitud.

No hemos venido a este planeta para ser abejas obreras, destinadas a desempeñar su función una y otra vez para la colmena hasta morir. Tampoco «debemos» a nadie el seguir haciéndolo: ni a nuestros fans, ni a nuestros seguidores, ni a nuestros padres que tanto nos han dado, ni siquiera a nuestra familia. Sacrificarnos de este modo no beneficia a nadie.

Es perfectamente factible realizar un buen trabajo en otras condiciones. Es posible sentirse sano, tranquilo y tener éxito.

Joseph Heller creía tener *suficiente*, pero de todos modos siguió trabajando. Escribió seis novelas después de *Trampa 22,* entre ellas un *best seller* —cuando un periodista le reprochó que no hubiera escrito nada tan bueno como su primer libro, replicó: «¿Quién lo ha hecho?»—. Daba clases. Escribió obras de teatro y películas. Fue muy productivo. John Stuart Mill, tras sufrir una crisis, se enamoró de la poesía, conoció a la mujer que sería su esposa, regresó poco a poco a la filosofía política y al final causó un enorme impacto en el mundo. De hecho, las democracias occidentales están en deuda con él por los innumerables cambios que contribuyó a producir.

Lo grandioso fue que esas creaciones y esos discernimientos hayan procedido de un mejor y más tranquilo —*más quieto*— estado en ambos hombres. No lo hicieron para demostrar nada. No necesitaban impresionar a nadie. Actuaron acorde a su momento. Sus motivaciones eran puras. No había inseguridad, ansiedad ni envidia, ni una secreta y penosa esperanza de que, finalmente, eso les haría sentirse completos, y les daría aquello que siempre les había faltado.

¿Qué es lo que más queremos en la vida? Esa es la pregunta. No es el éxito. Ni la fama. Son los momentos en que nos sentimos satisfechos y realizados.

Más presencia, más claridad, más comprensión, más verdad. Más quietud.

SUMÉRGETE EN LA BELLEZA

Frente a lo sublime, sentimos un escalofrío [...],
algo demasiado grande como para que nuestra
mente lo comprenda. Por un instante nos sacude
nuestra arrogancia, librándonos de las mortíferas
garras de la costumbre y la banalidad.

ROBERT GREENE

La mañana del miércoles 23 de febrero de 1944, Ana Frank
subió al desván donde su familia llevaba escondida dos
largos años y visitó a Peter, el joven judío que vivía con ellos.
Una vez que este terminó sus deberes domésticos, ambos se
sentaron en el sitio favorito de Ana, en el suelo, y se asomaron
por la pequeña ventana para ver el mundo que habían sido
forzados a abandonar.

Contemplando el cielo azul, el nogal sin hojas, los pájaros
que volaban zambulléndose en el aire, los dos jóvenes se que-
daron fascinados y en completo silencio. ¡Aquello estaba tan

tranquilo, tan sereno, tan espacioso en comparación con sus apiñadas habitaciones!

Fue casi como si el mundo no estuviera en guerra, como si Hitler no hubiera aniquilado ya a millones de personas y sus familias no estuvieran cada día en riesgo de sumarse a las víctimas. Pese a todo, la belleza reinaba. «Mientras esto exista», pensó Ana, «esta luz y este cielo sin nubes; mientras pueda disfrutarlo, ¿cómo es posible que esté triste?».

Más tarde escribió en su diario que la naturaleza lo cura todo, y que es un consuelo a disposición de quienes sufren. De hecho, ya fuera durante el florecer de la primavera o la desolación del invierno, aunque estuviera oscuro y lloviera, cuando era demasiado peligroso abrir la ventana y tenía que soportar un calor sofocante que la asfixiaba, Ana se las arreglaba para hallar en la naturaleza algo que animara su espíritu y la centrara. «La belleza permanece incluso en la desgracia», escribió. «Si la buscas, descubres más felicidad y recuperas tu equilibrio».

¡Qué cierto es esto! ¡Y qué gran fuente de paz y fortaleza puede ser!

Los bosques sin veredas. Un niño en silencio, tendido bocabajo mientras lee un libro. Las nubes que bordean el ala de un avión, con sus exhaustos pasajeros dormidos. Un hombre que lee en su asiento. Una mujer que dormita. Las luces rosadas del amanecer que se posan sobre la montaña. El ritmo de esa música que acompasa exactamente el devenir de los acontecimientos. El placer de terminar una tarea antes de la fecha límite, la sosegada tranquilidad de una bandeja de entrada vacía.

Esto es quietud.

Rose Lane Wilder escribió acerca de su experiencia al asomarse a la frondosa meseta de Tiflis, la capital de Georgia:

> Allí había solo cielo, y una quietud que la hierba quebradiza volvía audible. El vacío a mi alrededor era tan perfecto que me sentí parte de él, vacía yo misma; hubo un momento en que no fui nada en absoluto, casi nada en absoluto.

El término para esto es *éxtasis*, una experiencia celestial que nos permite salir de nosotros mismos. Y estos bellos momentos están a nuestra disposición cada vez que lo deseemos. Todo lo que debemos hacer es abrir nuestra alma a ellos.

Dos estudiantes se acercaron en una ocasión al maestro zen Hyakujo justo cuando iniciaba sus labores matutinas en la granja contigua a su templo. Le pidieron que los instruyera acerca del Camino y él repuso: «Abran la granja por mí y les hablaré del gran principio del zen». Cuando terminaron sus labores, acudieron al maestro en busca de su lección; él se volvió hacia los campos, sobre los que el sol acababa de elevarse, extendió los brazos en dirección a esa serena llanura y no dijo nada.

Ese era el Camino: la naturaleza, la tierra cultivada, los frutos en crecimiento. La satisfacción del buen trabajo. La poesía de la tierra. Como era en el principio, así será al final.

Esto no quiere decir que toda la belleza sea tan evidente. No siempre estamos en una granja o en la playa, o contemplando imponentes vistas de precipicios. Por eso los filósofos deben cultivar el ojo del poeta, la capacidad de ver belleza en todas partes, aun en lo banal o lo terrible.

Marco Aurelio, un estoico supuestamente sombrío y depresivo, amaba la belleza a la manera de Whitman. ¿Por qué si no habría escrito tan vívidamente de aspectos tan ordinarios como que «un trozo de pan al cocerse se agrieta en ciertas partes; esas grietas que así se forman y que, en cierto modo, son contrarias a la promesa del arte del panadero, son, así, adecuadas, y excitan singularmente el apetito» o del «fascinante y seductor» proceso de la naturaleza, en el que «las espigas que se inclinan hacia abajo, la melena del león y la espuma que brota de la boca de los jabalíes»? Incluso respecto a la muerte escribió: «Recorre este pequeñísimo lapso de tiempo obediente a la naturaleza y acaba tu vida alegremente, como la aceituna que, llegado el momento, caerá elogiando a la tierra que la trajo a la vida y dando gracias al árbol que la produjo».

El filósofo y el poeta ven el mundo de la misma manera y emprenden idéntica búsqueda: el estudio de lo «asombroso», como lo llamó Tomás de Aquino.

Fue Edward Abbey, el activista ambiental y escritor, quien indicó que la vida «salvaje» es como la música. Es una música que podemos escuchar cuando queramos, dondequiera que vivamos, nos ganemos la vida como nos la ganemos. Incluso si no podemos viajar, nos podemos imaginar atravesando un frondoso sendero cubierto de pinaza, a la deriva por un tranquilo río o al calor de una pequeña hoguera. O, como Ana Frank, podemos simplemente asomarnos a la ventana para ver un árbol. Actuando de este modo, observando de esta forma, nos abrimos a la quietud.

No es señal de alma saludable buscar belleza en cosas superficiales: la adulación de la multitud, los coches de lujo, las extensas fincas y los prestigiosos premios. Ni entristecerse por la fealdad del mundo: los críticos y profesionales del odio, el sufrimiento de los inocentes, las heridas, el dolor y la pérdida. Es mejor buscar belleza en todos los lugares y las cosas. Porque esta siempre nos rodea. Y nos nutriremos de ella si se lo permitimos.

Las tenues huellas de las pisadas de un gato en el maletero polvoriento de un automóvil. El vapor caliente emergiendo de los conductos de ventilación una mañana en Nueva York. El olor del asfalto cuando empieza a llover. El ruido sordo de un puño cuando se ajusta a la perfección en una mano abierta. El sonido de una pluma al firmar un contrato que vincula a las dos partes. El valor de un mosquito al succionar la sangre de un ser humano que fácilmente podría aplastarlo. Una canasta llena de verduras del huerto. Los camiones que rozan al pasar las ramas bajas de los árboles en una calle agitada. El suelo de una habitación lleno de los juguetes de un niño en el desorden de una alegría exhausta. Una ciudad construida a lo largo de cientos de años de desarrollo espasmódico e inconexo.

¿Empiezas a ver cómo funciona esto?

Es irónico que la quietud sea algo raro y fugaz en nuestra ajetreada vida, porque el mundo la genera de forma inagotable. Lo único que sucede es que nadie la ve.

Despúes de su profunda crisis, y tras casi dos años de lucha y depresión resultantes de la sobreestimulación y el estudio desmedido, ¿dónde encontró por primera vez John Stuart Mill la paz de nuevo? En la poesía de William Wordsworth. ¿Y cuál fue la inspiración de gran parte de dicha poesía? La naturaleza.

A Theodore Roosevelt, tras la muerte de su madre y de su esposa, su médico le recomendó que se marchara al oeste, para que se perdiera en la grandeza de Dakota Badlands. Sí, Teddy era un cazador y un vaquero hecho y derecho, pero ¿cuáles eran sus dos grandes pasiones? Sentarse calladamente en un porche en compañía de un libro y *contemplar a las aves*. Los japoneses tienen un concepto, *shinrin yoku* —baño de bosque— que es una forma de terapia con la naturaleza para tratar problemas mentales y espirituales. Incluso cuando ya era presidente, nunca dejó pasar una semana sin darse un baño de bosque.

¡Cuánto más limpios nos sentiríamos si nos diéramos esos baños tan a menudo como nos sumergimos en el agua caliente de la bañera! ¡Cuánto más presentes estaríamos si *viéramos* lo que nos rodea!

Sumergirse es una palabra importante. Hay algo en el agua, ¿no? En mirarla, en su sonido, en la sensación que transmite. Quienes buscan quietud no podrían hallar mejor forma de atenuar las dificultades y la turbulencia del mundo que en el agua. Una zambullida en un río cercano. La fuente burbujeante de un jardín zen. Los reflejos en el estanque de un monumento dedicado a aquellos a quienes hemos perdido.

Incluso, si me apuras, un aparato musical reproduciendo el sonido del ruido de las olas del mar batiendo contra las rocas.

Tanto para aquellos que padecen por un trauma o a causa de una profesión estresante como para quienes sufren el fastidio de la vida moderna, el profesor John Stilgoe tiene un consejo muy sencillo:

> Salgan en ese momento. No solo al exterior, sino también más allá de la trampa de la era electrónica que tan esmeradamente encierra a muchos. [...] Salgan, muévanse despacio y relájense, serénense, miren a su alrededor. No troten. No corran. [...] Presten atención a todo lo que rodea al camino rural, la calle urbana, el bulevar suburbano. Caminen. Paseen. Vaguen por doquier. Monten en bicicleta y recorran la costa durante un buen trecho. Exploren.

Hay paz en ello. Siempre a tu disposición.

No permitas que la belleza de la vida se te escape. Ve el mundo como el templo que es. Permite que cada experiencia sea como la de una iglesia. Maravíllate con el hecho de que todo existe, de que *tú* existes. Aun cuando nos enfrentemos a la muerte en guerras sin sentido, aun cuando nos matemos a nosotros mismos en un trabajo sin sentido, podemos detenernos y sumergirnos en la belleza que nos rodea, siempre.

Deja que te calme, deja que te limpie.

ACEPTA UN PODER SUPERIOR

La mediocridad no sabe de nada más que sí misma.

ARTHUR CONAN DOYLE

Durante cerca de cien años, uno de los pasos más difíciles de los doce que consta la «recuperación» de las personas adictas al alcohol, no ha sido conseguir hacer un inventario moral de los errores cometidos o la enmienda de los mismos, ni tampoco el negarse a asumir que se tiene un problema, ni buscar un padrino o tener que asistir a las reuniones.

El paso con el que muchos adictos —en particular quienes se consideran *pensadores*— se enfrentan más vivamente es el número dos, que consiste en reconocer la existencia de un *poder superior*. No quieren admitir «un poder más grande que ellos mismos que podría devolverles el juicio».

Ese paso aparentemente simple es muy difícil, pero no lo es porque el mundo se haya vuelto más descreído desde que Alcohólicos Anónimos se fundó, en 1935. De hecho, uno de sus fundadores fue, en sus propias palabras, un «agnóstico militante». Reconocer un poder superior es difícil porque someterse a cualquier otra cosa que no sea la propia voluntad es un anatema para lo que un adicto describe como el «deseo patológico», el «egoísmo» de la adicción.

«No creo en Dios» es la objeción más común al segundo paso. «No hay evidencias de que exista un poder superior», dicen. «Mira la evolución. Mira la ciencia». O podrían cuestionar qué diablos tiene que ver eso con su adicción. ¿No basta con dejar de consumir drogas y seguir los otros pasos? «¿Qué tiene que ver la religión o la fe con cualquiera de esas cosas?» Estas preguntas son perfectamente razonables, pero no sirven.

Porque, en realidad, el paso dos no guarda ninguna relación con Dios. Tiene que ver con la *rendición*. Se refiere a la fe.

Recuerda que la única manera de vencer la voluntad obstinada —la fuerza que Awa Kenzo pensó que impedía a todos, no solo a los adictos, acertar en el blanco al que apuntamos— es soltarnos, dejarnos ir, en el plano más profundo del espíritu.

Aunque la adicción es sin duda una enfermedad biológica, es también, en un sentido más práctico, un proceso de obsesión con el propio ser y los impulsos y pensamientos personales. Así, admitir que hay algo más grande que tú es un avance esencial. Significa que un adicto entiende al fin que no es Dios, que no tiene el control y que no lo ha tenido nunca. Por cierto, *ninguno* de nosotros lo tiene.

El proceso de los doce pasos no es transformador por sí mismo. Es la decisión de detenerse, escuchar y *seguir* lo que permite que surta efecto.

Si analizas sus premisas, Alcohólicos Anónimos no dice que debes creer en Jesús o ir a la iglesia. Solo que aceptes a «Dios tal y como lo interpretemos». Esto quiere decir que, si deseas creer en la Madre Tierra, la Providencia, el Destino, la Fortuna o la Suerte, allá tú.

Para los estoicos, la ley superior era el *logos*, el rumbo del universo. Reconocían el destino y la fortuna, así como el poder que estas fuerzas ejercían sobre ellos. Y al reconocer esas potencias superiores, alcanzaron una suerte de quietud y sosiego —¡simplemente porque eso significaba librar menos batallas por el control!—, lo cual les ayudaba a dirigir imperios, a sobrevivir a la esclavitud o el exilio y, en última instancia, a enfrentar con aplomo la muerte. En la filosofía china, *tao* —el Camino— es el flujo natural y armónico del universo, un estadio superior del espíritu. Los griegos creían no solo en muchos dioses, sino también en que cada individuo estaba acompañado por un *daemon*, un espíritu guía que lo conducía a su destino.

Los confucianos creen en Tian, 天, un dios celestial que nos orienta mientras estamos aquí en la Tierra y nos asigna un papel o propósito en la vida. Los hindús creen que Brahma es la mayor realidad universal. En el judaísmo, Yahvé (יהוה) es el término para designar a Dios. Cada una de las grandes tribus indoamericanas tenía su propio vocablo para designar al Gran Espíritu, el cual era su creador y su deidad guiadora. Epicuro, que no era ateo, rechazaba la idea de un dios despótico o juicioso. ¿Qué deidad podía querer que el mundo viviera con temor? Vivir con temor es incongruente con la *ataraxia*.

Cuando Krishna habla de «la mente que descansa en la quietud de la oración», es lo mismo. Los cristianos creen que Dios es la fuente de quietud en nuestra vida, que nos extiende paz y consuelo como un río. «¡Paz! ¡Tranquilidad!», dijo Jesús al mar, «y el viento cesó y hubo una calma inmensa».

No hay quietud en la mente que solo piensa en sí misma, ni habrá nunca paz en el cuerpo y el espíritu que sigan todos sus impulsos y no valoren otra cosa que a sí mismos.

El progreso de la ciencia y la tecnología ha sido fundamental, pero para los humanos modernos ha tenido el coste de anular nuestra capacidad de asombro y el reconocimiento de fuerzas que escapan a nuestra comprensión. Nos ha privado de la aptitud para acceder a la paz espiritual y la piedad.

¿Es posible afirmar que un simple campesino que creía devotamente en Dios, que lo veneraba diariamente en una suntuosa catedral que exaltaba la grandeza del Espíritu Santo, se hallaba en peores condiciones que nosotros porque carecía de nuestra tecnología nuestra comprensión de la evolución? Si le dijéramos a un budista zen japonés del siglo XII que en el futuro todos dispondrían de más riqueza y una vida más larga, pero que en muchos casos esos dones irían acompañados de una sensación de insatisfacción y falta de sentido, ¿crees que querría cambiar su lugar por el nuestro?

Porque eso no suena a progreso.

En el mensaje que dirigió a los estudiantes de Harvard al iniciarse los cursos de 1978, el escritor Aleksandr Solzhenitsyn habló de un mundo moderno en el que todos los países —capitalistas y comunistas por igual— estaban impregnados de una «conciencia humanista desespiritualizada e irreligiosa».

> Para esa conciencia, el hombre es la medida con la cual juzgar todo en la Tierra, el imperfecto hombre que nunca está libre de orgullo, interés propio, envidia, vanidad y docenas de defectos más. Ahora experimentamos las consecuencias de errores que no fueron advertidos al principio. En el trayecto desde el Renacimiento hasta nuestros días hemos enriquecido nuestra experiencia, pero hemos perdido el concepto de una entidad suprema que antes restringía nuestras pasiones y nuestra irresponsabilidad. Hemos puesto demasiadas esperanzas en las reformas políticas y sociales, solo para privarnos de nuestro más preciado bien: la vida espiritual.

El realismo es importante. El pragmatismo, el cientificismo y el escepticismo también lo son. Pero, de todos modos, debes creer en *algo*. Sencillamente, debes hacerlo o, de lo contrario, todo lo demás estará hueco y frío.

El cómico Stephen Colbert sobrevivió a una trágica infancia guiado por una sincera y profunda fe católica que conserva hasta la fecha —enseña en la escuela dominical, a pesar de su carrera en el mundo del espectáculo—. Su madre, quien se llevó la peor parte de la tragedia cuando perdió a su esposo y dos de sus hijos en un accidente de aviación, era su ejemplo. «Considera este momento bajo la luz de la eternidad», le decía. *Eternidad*. Algo más grande que nosotros. Algo más grande que lo que podemos comprender. Algo mayor que lo que nuestra minúscula humanidad considera.

Podríamos hallar casos similares en todos los credos.

Quizá no sea una casualidad que, cuando uno contempla la historia y se maravilla de las increíbles adversidades e inimaginables contratiempos que las personas han logrado superar, descubra que todas ellas tenían algo en común: alguna creencia en una deidad superior. Un ancla en su vida llamada fe. Creían que una mano infalible descansaba en el timón y que había un propósito o significado profundo detrás de su sufrimiento, aunque no pudieran comprenderlo. No es por azar que la mayoría de la gente que ha hecho el bien en el mundo también haya creído eso.

El reformador Martín Lutero fue llamado ante un tribunal que le exigió que se retractara de sus creencias, bajo amenaza de denuncia y posible muerte. Él pasó varias horas en oración mientras esperaba su turno para declarar. Inspiró. Vació su mente de temores y preocupaciones. Habló. «No puedo retractarme ni lo haré, porque es imprudente que un cristiano hable en contra de su conciencia. Aquí estoy, no puedo hacer otra cosa, que Dios me ayude. Amén».

¿No es curioso que los líderes que han sido puestos a prueba en circunstancias turbulentas acaben depositando sinceramente su fe en alguna creencia para poder superar esos momentos difíciles?

Tal fue la historia de Lincoln. Como muchos otros jóvenes inteligentes, fue ateo en su juventud, pero las vicisitudes de la edad adulta, y en especial la pérdida de su hijo y los horrores de la guerra civil, lo volvieron creyente. Kennedy menospreció casi toda su vida el catolicismo de sus padres… pero apuesto a que rezaba cuando hizo frente a la amenaza de la aniquilación nuclear.

Aquí estoy, no puedo hacer otra cosa, así que ayúdame, Señor.

El nihilismo resulta ser una actitud ante la vida extremadamente delicada. Siempre son los nihilistas quienes parecen perder la razón o se quitan la vida cuando las cosas se complican —o, recientemente, los que temen tanto a la muerte que se obsesionan con que vivirán para siempre—.

¿A qué se debe? Quizás a que se ven forzados a encarar la inmensa complejidad, dificultad y posible vacuidad de la vida —y la muerte— con nada más que su propia mente. Realmente se trata de una situación trágicamente paradójica.

Insistimos, si la gran mayoría de los sabios de la historia han estado de acuerdo, deberíamos hacer una pausa y reflexionar. Es casi imposible que hallemos una escuela filosófica antigua que no hable de un poder o unos poderes superiores. Y no porque hayan tenido «pruebas» de su existencia, sino porque sabían que la fe es muy poderosa, esencial para alcanzar quietud y paz interior.

El fundamentalismo es otra cosa. Epicuro estaba en lo cierto: Si Dios existe, ¿por qué habríamos de temerle? ¿Por qué habría de ser importante la ropa que vistamos ante él o cuántas veces al día le prestes obediencia? ¿Qué interés podría tener en dedicarle monumentos o temerosas súplicas de perdón? En la más pura lógica, lo único que a cualquier padre o madre —o creador— le importa es que sus hijos hallen paz, encuentren un sentido y un propósito. No nos pusieron en este planeta para juzgarnos, controlarnos o matarnos los unos a los otros.

Pero este no es el problema con el que la mayoría lidiamos. Batallamos con el escepticismo, con un egoísmo que nos coloca en el centro del universo. Por eso, el filósofo Nassim Taleb fue tan certero: *No es preciso que creamos que Dios es grande, solo que es más grande que nosotros.*

Incluso si somos producto de la evolución o el azar, ¿no nos sitúa eso de nuevo en la misma posición de los estoicos? Sujetos a las leyes de la gravedad y la física, ¿no estamos ya aceptando un poder superior e inexplicable?

Tenemos tan poco control sobre el mundo que nos rodea, tantos sucesos enigmáticos lo crearon, que funciona casi exactamente de la misma manera que si hubiera un dios.

El objetivo de esta idea es, en cierto modo, dominar la mente. Para calmarla situándola en su verdadera perspectiva. Suele decirse que aceptar un poder superior es «permitir que entre en tu corazón». Eso es todo. Consiste en que rechaces la tiranía de tu intelecto, de tu experiencia observacional inmediata, y aceptes algo más grande, más allá de nosotros.

Quizá no estés listo para hacer eso, para dejar que algo nuevo entre en tu corazón, pero no hay prisa.

Solo debes saber que este paso está a tu alcance, a tu espera. Y te ayudará a recuperar la lucidez cuando estés preparado para ello.

FORJA RELACIONES

No hay dicha en poseer algo valioso, a menos
que tengas con quien compartirlo.

SÉNECA

Tras el fracaso de su primer matrimonio en la década de 1960,
el compositor Johnny Cash se mudó del sur de California,
a Tennessee. En la primera noche en su nueva residencia, solo y
deprimido, se puso a dar vueltas en la planta baja. Era una casa
enorme, casi sin muebles, ubicada entre una empinada colina,
a un lado, y el lago Old Hickory, al otro. Mientras la recorría
de extremo a extremo —es decir, mientras iba de la colina al
lago— tuvo una sensación casi frenética de que algo le faltaba.

¿Qué falta?, pensó. *¿Dónde está?*, repetía una y otra vez.
¿Había olvidado alguna cosa? ¿Debía hacer algo en particular?
¿Algo no marchaba bien?

De pronto cayó en la cuenta. No era *algo*, era *alguien*. Su hija,
Rosanne. No estaba ahí. Se hallaba en California con su madre.

Una casa sin familia no es un hogar. Johnny Cash se detuvo, gritó el nombre de su hija lo más fuerte que pudo, se tumbó en el suelo y lloró.

En cierto modo, esa parece ser la clase de angustia que la filosofía nos ayuda a evitar, el cultivo del desapego y la indiferencia por los demás. Si no dependes de nadie, si no eres vulnerable, jamás perderás nada ni serás lastimado.

Hay quienes tratan de vivir de esa manera. Hacen promesas de castidad o soledad o, a la inversa, reducen sus relaciones a su forma mínima o más necesaria. Como ya han sido heridos en el pasado, levantan muros. O como son tan talentosos, se dedican en exclusividad a su trabajo. Esto es necesario, dicen, porque tienen un llamado superior. Buda, por ejemplo, se apartó de su esposa e hijo sin despedirse, porque la iluminación era más importante.

Sí, cada individuo debe tomar las decisiones de vida indicadas para él. Aun así, hay algo profundamente equivocado —y terriblemente triste— en una existencia solitaria.

Es cierto que las relaciones consumen tiempo. También, que nos exponen y distraen, causan dolor y cuestan dinero.

Pero no somos nada sin ellas.

Las malas relaciones son comunes, y las buenas difíciles. ¿Debería sorprendernos? Estar cerca de otras personas y vincularnos con ellas desafía todas las facetas de nuestro espíritu.

En especial, cuando nuestro niño interior se manifiesta. O cuando nos dejamos llevar por la lujuria y el deseo. O cuando nuestro egoísmo deja poco espacio para otra persona.

Las tentaciones del mundo nos extravían, y nuestro mal humor lastima a quienes amamos.

Una buena relación requiere que seamos virtuosos, fieles, presentes, empáticos, generosos, abiertos y dispuestos a formar parte de un gran todo. Requiere, para generar crecimiento, una entrega auténtica.

Nadie diría que eso es fácil.

Pero responder a este reto —e incluso intentarlo— nos transforma... si lo permitimos.

Cualquiera puede ser rico o famoso. Solo tú puedes ser *papá, mamá, hija, hijo* o *alma gemela* de las personas con las que convives.

Las relaciones adoptan muchas formas: mentor, protegido, padre, madre, hijo, cónyuge o mejor amigo.

Y si, como algunos argumentan, las relaciones reducen los bienes o el éxito creativo de un individuo, ¿realmente valen la pena?

«¿Acaso hay alguien que quiera verse rodeado de todas las riquezas del mundo y disfrutar de abundancia en la vida sin amar ni ser amado por nadie?», se preguntó Cicerón hace dos mil años. Esta reflexión sigue haciéndose eco entre nosotros.

Incluso aquellos a quienes consideramos modelos de quietud tienen que vérselas con lo que la conexión y la dependencia podrían significar en su carrera. Marina Abramović concedió en 2016 una controvertida entrevista en la que explicó su decisión de mantenerse soltera y no tener hijos. Esto habría sido desastroso para su arte, aseguró. «Uno posee una energía limitada, y yo habría tenido que repartirla».

Tonterías.

Tonterías que han sido interiorizadas por innumerables personas egoístas y ambiciosas.

¿No sería bueno que le echaran un vistazo a la historia y la literatura? La canciller alemana Angela Merkel ha sido constantemente apoyada por su esposo, un hombre al que ha descrito como indispensable para su éxito y de cuyo consejo depende. La escritora Gertrude Stein fue fielmente apoyada por su compañera de vida, Alice B. Toklas. Madame Curie se mostró por mucho tiempo cínica ante el amor, hasta que conoció a Pierre, con quien se casó y colaboró, para obtener finalmente el Premio Nobel. ¿Y qué decir de la dedicatoria de *Sobre la libertad*, la principal obra de John Stuart Mill, donde califica a su esposa como «inspiradora, y en parte autora, de lo mejor que hay en mis escritos»? El rapero J. Cole dijo que lo mejor que hizo como músico fue convertirse en esposo y padre. «No pude tomar mejor decisión», aseveró, «que la decisión de asumir responsabilidades, de compartir mi vida con otro ser humano, mi esposa, ante la que tengo que responder».

La quietud es preferible no buscarla solo. Y, como el éxito, es mejor cuando se comparte. Todos necesitamos que alguien nos comprenda con mayor claridad de lo que nos comprendemos a nosotros mismos, aunque solo sea para preservar nuestra integridad.

Las relaciones no restan nada a la productividad, entender que el amor y la familia no son incompatibles con *una* carrera es un avance. También es cierto que la mejor decisión que puedes tomar en la vida, profesional y personalmente, es buscar una pareja que te complemente, te apoye y te vuelva mejor, y a quien le correspondas con lo mismo. Elegir parejas y amigos que hagan lo contrario pone en peligro tu carrera y tu felicidad.

La vida sin relaciones, centrada únicamente en los logros, estaría vacía y carente de sentido —además de que sería frágil y precaria—. Una vida reducida a los logros y el trabajo está terriblemente desequilibrada; requiere de un esfuerzo y una actividad constantes para no venirse abajo.

El escritor Philip Roth habló con orgullo en los últimos años de su vida, sobre el hecho de vivir en soledad y sobre la responsabilidad y el compromiso con nada más que no fueran sus propias necesidades. Una vez declaró en una entrevista que ese estilo de vida le permitía estar siempre listo para su trabajo, porque nunca debía esperar a nadie. «Soy como un médico, y esta es una sala de urgencias», dijo. «La emergencia soy yo».

Esto es quizá lo más triste que alguien haya dicho nunca sin darse cuenta.

La periodista católica Dorothy Day se refirió a la *larga soledad* que todos experimentamos como un sufrimiento cuya única solución son el amor y las relaciones. ¡Pero hay quienes se lo infligen a propósito! Se privan del privilegio que es tener a quien cuidar y que te cuide.

El mundo nos lanza muchos huracanes. Quienes han decidido pasar por la vida como una isla son los más expuestos y afectados por tormentas y remolinos.

El 11 de septiembre de 2001, Brian Sweeney era uno de los pasajeros del vuelo 175 de United Airlines, que se estrelló de frente contra la torre sur del World Trade Center. Llamó a su esposa desde uno de los teléfonos en los asientos traseros del avión para decirle que las cosas no pintaban bien. «Quiero que sepas que te amo con todas mis fuerzas», le dijo en su correo de voz. «Deseo que hagas el bien, que te vaya bien, igual que a mis padres. Te veré cuando llegues aquí».

Pese al imaginable terror de ese momento, en la voz de Brian en el teléfono no hay señal alguna de miedo. Una misma calma serena se percibe en la última carta que escribió el mayor Sullivan Ballou en 1861, días antes de que su regimiento federal saliera hacia Manassas, Virginia, donde parecía saber a ciencia cierta que moriría en batalla. «Sarah», escribió, «mi amor por ti es inmortal. Me ata con cuerdas poderosas que solo el Omnipotente podría romper; pero mi amor por mi país tira de mí como un viento impetuoso y me conduce irresistiblemente, pese a esas cadenas, al campo de batalla. Los recuerdos de todos los momentos felices que pasé contigo se agolpan en mi cabeza, y me siento muy agradecido con Dios y contigo por disfrutar tanto tiempo de ellos».

Fiódor Dostoievski describió una vez a su esposa, Anna, como una roca en la que podía apoyarse y descansar, un muro que no le permitiría caer y lo protegía del frío. No hay mejor descripción del amor entre cónyuges, amigos o padres e hijos que esa. El amor, dijo Freud, es el *gran educador*. Aprendemos cuando lo damos, aprendemos cuando lo recibimos. Nos acercamos a la quietud a través de él.

Como toda buena educación, tampoco esta es fácil. Nada fácil.

Se dice que la palabra *amor* se deletrea como T-I-E-M-P-O, también como T-R-A-B-A-J-O, S-A-C-R-I-F-I-C-I-O,

D-I-F-I-C-U-L-T-A-D, C-O-M-P-R-O-M-I-S-O y, ocasionalmente, como L-O-C-U-R-A.

Pero siempre está acompañada de R-E-C-O-M-P-E-N-S-A-S. Aun si termina.

El sosiego de dos personas que comparten un columpio en un porche, la quietud de un abrazo, de una última carta, de un recuerdo, una llamada telefónica antes de que el avión se estrelle, un favor anticipado, una enseñanza, un aprendizaje, estar *juntos*.

La noción de que el aislamiento, la total concentración en el propio impulso, te conducirá a un supremo estado de iluminación no solo es falsa, también pasa por alto lo obvio: ¿a quién le importará que hagas todo eso? Tu casa podría estar más tranquila sin hijos, y sería más fácil trabajar largas horas sin alguien que te espere a cenar, pero esos son un silencio hueco y una calma vacía.

¿Pasar nuestros días sin preocuparnos por nadie más que por nosotros mismos? ¿Pensar que podemos, o debemos, hacer esto solos? ¿Acumular maestría, genio, riqueza o poder para nuestro beneficio exclusivo? ¿Qué propósito tiene?

Solos, somos una fracción de lo que podemos ser.

Solos, nos falta algo y, peor aún, lo *sentimos* en la médula de nuestros huesos.

Por eso la quietud requiere de otras personas. De hecho, es *para* ellas.

DOMINA TU IRA

Más vale ser paciente que valiente; más vale el
dominio propio que conquistar ciudades.

PROVERBIOS 16:32

En 2009, Michael Jordan ingresó en el Salón de la Fama
del Baloncesto. Era un logro que coronaba una magnífica
carrera, la cual incluía seis campeonatos de la NBA, catorce par-
ticipaciones en el All Stars, dos medallas olímpicas de oro y el
más alto promedio de anotaciones en la historia de ese deporte.

Después de subir a la tribuna, ataviado con un traje pla-
teado y con su característico pendiente, Michael lloró en un
primer momento. Dijo medio en broma que su plan inicial
había sido aceptar ese honor, dar las gracias y regresar a su
asiento. Pero no pudo hacerlo.

Tenía algo que decir.

Lo que siguió fue un extraño y surrealista discurso en el
que Jordan, quien no tenía nada que demostrar y sí mucho que

agradecer, dedicó casi media hora a enumerar, y responder, cada desaire que había recibido en su carrera. De pie en el estrado, con un tono que fingía despreocupación pero que estaba cargado de enojo y rencor, se quejó de las críticas negativas de los medios de información y de que su entrenador universitario en Carolina del Norte, Dean Smith, no lo hubiera promocionado como a un joven debutante prometedor en una entrevista que concedió a *Sports Illustrated* en 1981. Incluso mencionó que se había gastado mucho dinero para comprar las entradas para que sus hijos pudieran asistir a esa misma ceremonia.

Después de agradables comentarios sobre su familia, señaló entre el público a Leroy Smith, quien treinta y un años atrás le había quitado el sitio en el equipo titular de secundaria. Jordan sabía que muchos consideraban un agravio ese menosprecio en el instituto. «Leroy Smith era un muchacho cuando yo fui excluido y él llegó —al equipo titular—, y esta noche está aquí», explicó. «Mide todavía dos metros —no ha crecido más—, y probablemente juega igual. Pero él impulsó todo mi proceso, porque cuando él pudo ingresar al equipo A y yo no, quise demostrarle no solo a él, no solo a mí mismo, sino también al entrenador que lo eligió a él y no a mí, que había cometido un error».

Esta anécdota nos abre una ventana a la mente de Jordan, por varias razones. Antes que nada, revela la forma en que una decisión previsible la vivió como un desaire que afectó su autoestima. No se le *excluyó* de ningún equipo. Leroy y él se disputaron el único puesto en el equipo titular, y uno de ellos lo obtuvo. Eso no es ser «excluido»; ¡era obvio que alguien que apenas empezaba en el equipo no accediera a la alineación titular! Tampoco se trató de una competencia de cualidades. Leroy medía dos metros, Michael medía entonces uno ochenta. Esto también es una reacción infantil. Como si Leroy y su entrenador no hubieran sido integrantes de la plantilla, compañeros todos de un mismo equipo, por el cual Jordan podría sentirse feliz y agradecer el trabajo de un mentor del que podría aprender mucho.

Sin embargo, durante décadas, Jordan permaneció molesto por eso. La incomodidad del público era palpable a medida que las quejas de Michael se volvían cada vez más personales y mezquinas. En un momento determinado, aludió a un comentario de Jerry Krause en 1997, según el cual «las organizaciones son las que ganan campeonatos», no los jugadores individuales. Burlándose de esa observación menor —pero cierta— del gerente de los Bulls, Jordan explicó que, como represalia, no había invitado a Krause a la ceremonia. Mencionó con orgullo la ocasión en que sacó a patadas a Pat Riley, entrenador de los Lakers, los Knicks y Miami Heat, de la suite de un hotel en Hawái porque no quería irse.

Sus amigos comprendieron que la intención de Michael era pronunciar un discurso útil. Que, en vez de decir trivialidades, quería mostrar qué se escondía detrás de una mentalidad ganadora. Lo difícil que fue llegar a la cima. Lo que esto implicaba. Había querido ilustrar que la ira podía ser productiva; que cada vez que había sufrido algún agravio o menosprecio como jugador, cada vez que alguien no había hecho las cosas a *su* manera, él se había convertido en un mejor atleta.

El problema es que exactamente transmitió el mensaje contrario.* Sí, mostró que la ira era un combustible muy poderoso. También demostró que es probable que te estalle encima y que afecte a quienes te rodean.

Es indudable que, en algunos momentos de su carrera, el resentimiento trabajó en beneficio de Jordan e hizo que jugara mejor. Pero también resultó ser una expresión descontrolada de rabia que acabó hiriendo tanto a él como a sus compañeros —como a Steve Kerr, Bill Cartwright y Kwame Brown, a los que ofendió o con los que se enfrentó físicamente—. Había destrozado cruelmente la autoconfianza de competidores como Muggsy Bogues («¡Tira, maldito enano!», le dijo a su adversario, de 1,60 de estatura, mientras le concedía un tiro libre en los playoffs de 1995). En un entrenamiento en 1989, derribó de un malintencionado codazo al rookie Matt Brust, a quien dejó inconsciente frustrando las esperanzas de hacer carrera en la NBA.

Jordan jugaba de maravilla, pero su conducta solía ser salvaje y desagradable.

¿La ira fue de verdad el secreto de sus éxitos? (¿Le dio aquel lugar que deseaba en el equipo titular... o le ayudó a crecer diez centímetros?) ¿O era más bien algo que le impedía disfrutar de sus logros? —Tom Brady obtiene muchos triunfos sin enfadarse ni exasperarse—.

---

* Salvo para Tiger Woods, quien le dijo una vez a su entrenador de golf: «Ya entiendo. Eso es lo que se necesita para ser tan bueno como MJ; buscar siempre la manera de imponerte». Jordan inspiró el estilo de vida de Woods como apostador de Las Vegas.

Si la historia nos sirve de guía, los líderes, artistas, generales y atletas que se dejan llevar por la furia no solo tienden a fracasar, sino también a ser desdichados aunque triunfen. A modo de moraleja de su propia y trágica historia, Nixon, que odiaba a los graduados de las universidades prestigiosas, a los reporteros, a los judíos y a tantos otros, dijo estas edificantes palabras a sus más leales colaboradores en sus últimas horas en la Casa Blanca: «Recordad siempre: habrá quienes te odien, pero solo ganan si tú también les odias, y ahí es cuando te destruyes a ti mismo».

Tenía razón. Su propia ruina así lo demuestra.

Los líderes a los que respetamos en verdad, que mantienen la cabeza y los hombros por encima del resto, son movidos por algo más que la ira o el odio. Desde Pericles hasta Martin Luther King Jr., descubrimos que lo que impulsa a los grandes líderes es el amor, su país, la compasión, el destino, la reconciliación, la maestría, el idealismo o la familia.

Incluso en el caso de Jordan, él no resultaba inspirador cuando intentaba dominar a alguien, lo era cuando jugaba por *amor al deporte*. Y todos sus triunfos sucedieron bajo la tutela y la asesoría de Phil Jackson, conocido en el baloncesto como «el maestro zen».

Sería injusto decir que Jordan era tan tortuoso o atormentado como Richard Nixon, o que carecía por completo de dicha y felicidad. Pero aquel discurso fue muy relevador. Había guardado en su alma tanta ira y tanto dolor que, en un momento concreto, se abrió de golpe y dejó ver todo su interior.

El argumento de Séneca es que, en última instancia, la cólera impide que cumplamos cualquier meta. Aunque podría ayudarnos a obtener éxito en el campo de nuestra elección, a largo plazo es destructiva. ¿Tan buena puede ser la excelencia si no hace que nos sintamos contentos, felices y realizados? Es un trueque extraño que ganar, como ilustró Jordan, requiera que pensemos siempre en las ocasiones en que nos hemos sentido como perdedores. La recompensa de ser una figura de talla mundial no debería ser que te conviertas en una herida ambulante, un gatillo que se oprime mil veces al día.

¿Y qué hay de aquellos cuya cólera es un relámpago fulminante, en lugar de una cocción a fuego lento? Dice Séneca, una vez más:

> No hay cosa que cause más estupor que la ira, nada más obstinado por su propia fuerza. Si tiene éxito, nada más arrogante; si falla, nada más insensato, pues ni siquiera el agotamiento la detiene en la derrota: cuando la fortuna elimina a su adversario, vuelve sus dientes contra ella misma.

La ira es contraproducente. Un arranque de ira aquí, un estallido por la incompetencia allá, podrían generar un momento de intensa motivación o incluso una sensación de alivio, pero rara vez contamos con la frustración que acarrea. Aun si nos disculpamos o nuestras buenas obras pesan más que las malas, el daño permanece y las consecuencias también. El sujeto a quien le gritamos es ahora enemigo nuestro. El cajón que rompimos en un arrebato es ahora un fastidio constante. La presión alta, el corazón sobrecargado nos acercan cada vez más al ataque que nos llevará al hospital o a la tumba.

Podemos fingir que ni oímos ni vemos las cosas con que se pretende ofendernos. Podemos proceder con lentitud y dar tiempo a que las emociones extremas se disipen. Podemos evitar situaciones y personas —e incluso ciudades— que sabemos que tienden a molestarnos o enfurecernos. Cuando sintamos que nos hierve la sangre, debemos buscar espacios de integración —el espacio entre estímulo y la respuesta—, que nos permitan ponernos en pie y retirarnos. Espacios en los que podamos decir «esto me molesta, y no quiero que me haga perder los estribos» o «esto no importa, no me aferraré a ello». Podemos pensar incluso en estos versos de Mister Rogers acerca de la ira:

Es grande poder detenerse
cuando imaginas una mala acción,
hacer una cosa distinta
y recordar esta canción.

Por absurda que parezca esta letra, ¿hay algo peor que un adulto que pierde la calma a causa de un desaire insignificante? ¿Hay algo peor que decir o hacer algo que podría perseguirnos durante toda la vida?

Eso no quiere decir que reducir al mínimo el arrepentimiento sea el objetivo de controlar nuestro mal humor, aunque es un factor relevante. La cuestión es que quien se deja llevar por la ira no es feliz, no está en paz, se interpone en su propio camino, reduce sus triunfos y cortocircuita sus metas.

Los budistas creían que la furia era un tigre en nuestro interior cuyas zarpas rasgan el cuerpo que lo aloja. Para tener una oportunidad de quietud —el pensamiento claro y la visión de largo alcance que la definen— debemos domar a ese tigre antes de que acabe con nosotros. Tenemos que protegernos del deseo, *vencer* la ira, porque no nos hiere solo a nosotros, también a muchos otros. Aunque suele criticarse a los estoicos por sus rígidas reglas y su disciplina, lo que persiguen es esto: una dignidad y un decoro interiores que los protejan a ellos y a sus seres queridos de las pasiones peligrosas.

El baloncesto era obviamente un refugio para Michael Jordan, un deporte que amaba y que le brindó muchas satisfacciones. Pero, en pos del triunfo y la dominación, lo convirtió también en una herida abierta que no dejaba de sangrar o causar dolor. Quizás eso le costó más años de triunfo y le impidió disfrutar una noche especial en el Salón de la Fama de Springfield, Massachusetts.

Es imposible que tú desees eso. Es imposible que quieras ser así.

Por eso debemos desterrar la ira y reemplazarla por el amor, la gratitud… y el propósito. Nuestra quietud depende de que seamos capaces de detenernos y tomar la decisión de *no* enfadarnos, de funcionar con un combustible distinto, uno que nos ayude a ganar y crecer, y que no lastime a otras personas, nuestra causa o nuestra oportunidad de estar en paz.

TODOS SOMOS UNO

> Todo este mundo que tú ves, en el que están comprendidas las esferas de lo divino y lo humano, forma una unidad; somos los miembros de un gran cuerpo.
>
> SÉNECA

En 1971, el astronauta Edgar Mitchell fue lanzado al espacio. A 384.630 kilómetros de distancia, contempló la diminuta canica azul que es nuestro planeta y sintió que algo lo invadía. En ese momento, diría más tarde, «desarrollas una conciencia global de manera instantánea, una inclinación hacia las personas, una insatisfacción intensa por el estado del mundo y una compulsión por hacer algo».

A esa distancia inconmensurable, los conflictos de la Tierra de pronto le parecieron minúsculos. Las diferencias entre naciones y razas desaparecieron, la falsa urgencia de los problemas banales se esfumó. Lo que quedó fue una sensación de conexión y compasión por todos y por todo.

Lo único en lo que Mitchell pudo pensar, cuando miró el planeta desde la silenciosa e ingrávida cabina de su nave espacial, fue en agarrar por el pescuezo a cada político egoísta y llevarlo hasta allá, donde apuntaría y le diría: «¡Mira eso, hijo de perra!».

No es que estuviera disgustado. Al contrario, estaba más tranquilo y sereno que nunca. Quería que ellos —las personas que supuestamente trabajan en beneficio de sus conciudadanos— tuvieran la misma constatación que él: que todos formamos una unidad, que estamos juntos en esto y que eso es lo *único* que importa de verdad.

La palabra cristiana para describir esta idea es *ágape*, comida fraternal entre los primeros cristianos, destinada a estrechar los lazos que los unían. Es el éxtasis del amor de un poder superior, la inmensa fortuna y buena suerte de que hayamos sido hechos a su imagen. Si alguna vez has visto la escultura de Santa Teresa de Bernini, podrás hacerte una idea de esa sensación en su representación física. La dulce sonrisa del ángel que lanza una flecha al corazón de Teresa. Los dorados rayos del sol que caen del cielo. Los ojos cerrados y la boca entreabierta de la santa mientras advierte con toda certeza el profundo amor y la conexión que existen para ella.

Tanto si lo vemos desde una perspectiva espacial como desde una epifanía religiosa o desde el silencio de la meditación, la comprensión de que todos estamos conectados —*de que todos somos uno*— es una experiencia transformadora.

De ella se desprende una paz insondable… una ilimitada quietud.

Y ello nos libra por igual del egoísmo y el orgullo, que son la raíz de gran parte de los trastornos de nuestra vida.

Los griegos hablaban de *sympatheia*, la interdependencia y la relación con todas las cosas, pasadas, presentes y futuras. Creían que cada persona tiene un papel importante que desempeñar en este planeta y que, por eso, debería ser respetada. John Cage comprendió algo similar cuando abrazó su peculiar estilo musical —como esa canción del silencio, de cuatro minutos y treinta y tres segundos—, en vez de querer ser como los demás. «Que uno vea a la raza humana como una sola persona le permite descubrir que la originalidad es indispensable, porque no hay necesidad de que el ojo haga lo que la mano hace tan bien», escribió.

La visión auténticamente filosófica es que no solo es indispensable la originalidad, sino que también lo son *todos los seres humanos*. Incluso los que no te agradan, incluso aquellos que no soportas. Incluso aquellos que malgastan su vida, engañan y rompen las reglas forman parte de la gran ecuación. Podemos apreciarlos —o al menos compadecerlos—, en lugar de combatirlos o hacerlos cambiar.

Robert Greene, famoso por su estudio de la naturaleza humana, el poder y la seducción, escribe en *Las leyes de la naturaleza humana* sobre la necesidad de practicar la *mitfreude*, desear buena suerte a los demás, y no la *schadenfreude*, desearles mala suerte. Podemos empeñarnos en practicar el perdón, en especial hacia aquellos que es probable que hayan causado las heridas a nuestro niño interior que tanto hemos lamentado. Podemos buscar comprensión en aquellos con quienes discrepamos. *Tout comprendre c'est tout pardonner*. Comprender todo es perdonarlo todo. Amar todo es estar en paz con todo, incluido tú mismo.

Piensa en algo que te interesa mucho, en un bien que atesoras, en una persona que amas o en una experiencia muy importante para ti. Toma ahora ese sentimiento, la radiante calidez que surge en ti cuando piensas en eso, y considera cómo *cada persona*, incluso los asesinos que esperan la ejecución de su pena de muerte, incluso el idiota que acaba de empujarte en el supermercado, sienten lo mismo por algo particular en su vida. Compartes eso con ellos. Y no solo con ellos; también con todos los que han existido sobre la Tierra. Eso te une a Cleopatra, a Napoleón y al esclavo emancipado Frederick Douglass.

Haz lo mismo con tu dolor. Por muy mal que te sientas en un momento dado, ese es por igual un sentimiento compartido, algo que te vincula con los demás. El hombre que sale a dar un paseo después de discutir con su esposa, la madre que está preocupada por su hijo que siempre se mete en problemas, el comerciante que no deja de pensar en cómo obtendrá dinero —¿cómo saldré adelante?—, los hermanos que lloran la pérdida de uno de sus padres, el ciudadano que sigue las noticias con la esperanza de que su país evite una guerra innecesaria.

Nadie está solo, en el sufrimiento o en la alegría. Al otro lado de la calle, al otro lado del océano, en otro idioma, alguien más está experimentando casi exactamente lo mismo. Siempre ha sido y siempre será así.

Usa esto incluso para sintonizar más contigo mismo y con tu vida. La Luna que contemplas esta noche es la misma que miraste con asombro en tu infancia, y la misma que verás cuando seas mayor —en momentos alegres y en momentos tristes—, y también es la misma que verán tus hijos, en sus propios momentos y sus propias vidas.

Cuando das un paso atrás y te alejas de la magnitud de tu experiencia inmediata —sea cual sea—, eres capaz de ver la experiencia de los demás y sentirte unido a ellos, o de reducir la intensidad de tu dolor. Todos somos hebras de un hilo inmenso que se extiende a través de incontables generaciones del pasado y que une a todas las personas de todos los países en todos los continentes. Todos pensamos y sentimos lo mismo, todos estamos hechos y motivados por las mismas cosas. Todos somos polvo de estrellas. Y son sobre todo el ambicioso y el genio quienes más necesitan tener esta comprensión, porque ambos viven en su propio mundo, aislados en su burbuja.

Saber encontrar lo universal en lo particular, y lo particular en lo universal, no es solo el secreto del arte y el liderazgo, e incluso del espíritu empresarial, es el secreto para centrarse en uno mismo. Permite reducir el volumen del ruido en el mundo y sintonizar con la longitud de onda de la sabiduría que los sabios y los filósofos han estado escuchando durante mucho tiempo.

Esta conexión y universalidad no se limita a los seres humanos. La filósofa Martha Nussbaum apuntó recientemente que es el obsesionado narcisismo de sí mismo lo que define al ser humano. Una pregunta mejor, más abierta, más vulnerable, más integrada es preguntarse qué significa estar vivo, o existir, y *punto*. Como escribió ella misma:

> Compartimos este planeta con miles de millones de otros seres sensibles, y todos ellos tienen sus propias y complejas maneras de ser, sean las que sean. Todas las criaturas

animales, nuestros iguales, como observó hace tanto Aristóteles, tratan de mantenerse vivas y reproducirse. Todas ellas perciben, todas ellas desean. Y la mayoría se desplaza de un lugar a otro para obtener lo que busca y necesita.

Compartimos con esas criaturas gran parte de nuestro ADN, respiramos el mismo aire, andamos sobre el mismo suelo y nadamos en los mismos mares. Estamos inexorablemente entrelazados unos con otros, tanto como nuestros destinos.

Cuanto antes nos demos cuenta de nuestra poca excepcionalidad, antes seremos capaces de entender nuestro entorno y de participar en él. Cuanto menos cegados estemos por nuestras propias necesidades, apreciaremos más claramente las de quienes nos rodean y valoraremos mejor el gran ecosistema del que formamos parte.

La paz se presenta cuando somos capaces de entender que la victoria y la derrota son prácticamente idénticas, dos caras de la misma moneda. La paz es lo que nos permite alegrarnos por el éxito de los demás y permitir que los demás se alegren del nuestro. La paz es lo que mueve a una persona a ser buena, a tratar bien a todos los demás seres vivos, porque comprende que de esa manera se tratará bien a sí misma.

Formamos parte de un gran organismo colectivo, y juntos estamos comprometidos con un proyecto interminable. Somos uno.

Somos iguales.

Pero lo olvidamos con demasiada frecuencia, y por lo tanto nos olvidamos de lo que somos en el proceso.

SOBRE LO QUE SIGUE...

Pocos se extravían si se conducen con moderación.

CONFUCIO

L'essentiel est invisible pour les yeux.
Lo esencial es invisible para los ojos.

La cita que colgaba de la pared de Fred Rogers estaba incompleta. El resto aparece en *El principito*, el hermoso y surrealista libro para niños del aviador francés y héroe de la Segunda Guerra Mundial Antoine de Saint-Exupéry. En él, el zorro le dice al niño: «He aquí mi secreto, que no puede ser más simple: solo con el corazón se puede ver bien; lo esencial es invisible para los ojos».

En primer lugar, buscamos la claridad mental, pero pronto nos damos cuenta de que también el alma debe estar en orden si queremos alcanzar la quietud. Cuando se combinan la claridad de mente y de espíritu es cuando conseguimos la excelencia y una tranquilidad inquebrantables. Con el alma y el *corazón* somos capaces de sacar a la superficie cosas valiosas que los ojos deben ver.

Descubrirás que examinar el espíritu no es tan fácil como despejar la mente. Requiere lo que el escritor Mark Manson ha llamado «la cebolla de la autoconciencia» y asumir la responsabilidad de nuestras emociones e impulsos. Quien haya hecho esto podrá decirte que las lágrimas y pelar cebollas suelen ir acompañadas.

Pero es precisamente este elemento tan sutil —conseguir estar en contacto con nosotros mismos, hallar equilibrio y significado, cultivar la virtud— lo que, según sus propias palabras, convierte a la campeona del voleibol Kerri Walsh Jennings en un huracán en la cancha.

La quietud no es una mera abstracción, algo que solo pensamos o sentimos. Es real. Está en nuestro cuerpo. Séneca nos prevenía contra «suponer que el alma está en paz cuando el cuerpo está quieto», y viceversa. Lao Tsé dijo que «el movimiento es el fundamento de la quietud».

Lo que sigue entonces es el dominio del último ámbito de la quietud. La forma literal que adopta *nuestra figura* en el curso de la vida diaria. Nuestro cuerpo —donde, no lo olvidemos, se ubican por igual el cerebro y el corazón—. El entorno donde lo situamos. Los hábitos y rutinas a los que lo sometemos.

Un cuerpo extenuado o del que se abusa no solo no está quieto, genera una turbulencia que se extiende al resto de nuestra vida. Una mente agobiada y que sufre es vulnerable al vicio y la corrupción. Una existencia desordenada y perezosa es una manifestación de vacío espiritual. Podemos ser activos y estar en movimiento, y de todas formas permanecer en la quietud. De hecho, debemos activarnos para que la quietud tenga algún significado.

La vida es difícil; la fortuna, efímera. No podemos permitirnos ser débiles. No podemos ser frágiles. Debemos fortalecer nuestro cuerpo como recipiente de la mente y el espíritu, sujeto a los caprichos del mundo físico.

Por eso pasaremos ahora al último ámbito de la quietud —el cuerpo— y a su lugar en el mundo real. En la vida real.

PARTE III

MENTE ♦ ESPÍRITU ♦ CUERPO

Todos somos escultores y pintores, y nuestro material
es nuestra carne, nuestra sangre y nuestros huesos.

HENRY DAVID THOREAU

EL ÁMBITO DEL CUERPO

Winston Churchill tuvo una vida productiva.

Combatió por vez primera a los veintiún años, y no mucho después escribió su primer gran libro. A los veintiséis ya había sido elegido para un cargo público y sirvió en el gobierno durante las seis décadas y media siguientes. Escribió unos diez millones de palabras y más de cuarenta libros, pintó más de quinientos cuadros y pronunció dos mil trescientos discursos durante su paso por este planeta. En medio de todo eso se las arregló para ocupar los cargos de ministro de Defensa, de Marina y de Hacienda y, desde luego, el de primer ministro de Gran Bretaña, con el cual contribuyó a salvar al mundo de la amenaza nazi. Por si fuera poco, dedicó sus últimos años a luchar contra la amenaza del totalitarismo comunista.

«Esta es una época exigente», le escribió a su madre en su juventud, «y debemos mostrar tanto empeño como los demás». Bien podría ser que Winston Churchill haya sido el personaje más trabajador de la historia. Su vida discurrió desde los hechos relativos a la última carga de caballería del Imperio británico, que presenció como joven corresponsal de guerra en 1898, hasta bien empezada la era nuclear y la era espacial, en las cuales participó. Hizo su primer viaje a Estados Unidos en un barco de vapor —nada menos que para ser presentado en el escenario por el mismísimo Mark Twain—, y el último en un Boeing 707 que volaba a ochocientos kilómetros por hora. En el ínterin presenció dos guerras mundiales; la invención del automóvil, la radio y el *rock and roll*, e innumerables dificultades y conquistas.

¿Acaso hay quietud aquí? ¿Es posible calificar con los términos de quietud o paz a alguien tan activo, tan enérgico en sus labores, que afrontó tantas tensiones y conflictos?

Curiosamente, sí.

Como escribiría Paul Johnson, uno de los mejores biógrafos de Churchill: «El equilibrio que mantuvo entre trabajo y ocio creativo y restaurador vale la pena que sea estudiado por cualquiera que ocupe un alto cargo». Johnson, que con diecisiete años —décadas antes de convertirse en escritor— coincidió con Churchill en la calle, le preguntó:

—¿A qué atribuye su éxito en la vida, señor?

Churchill contestó al instante:

—A que conservo mi energía. Nunca permanezcas de pie cuando puedas sentarte y nunca te sientes cuando puedas acostarte.

Preservó tan bien su energía que jamás se quejó de una tarea ni rechazó un reto. Así, pese a que trabajó y batalló tanto, nunca se extenuó ni consumió en él la chispa de alegría que hace que vivir merezca la pena. Johnson dijo que, junto con la importancia del trabajo intenso, las otras cuatro lecciones de la notable vida de Churchill fueron: «Apunta alto; jamás permitas que los errores o las críticas te desanimen; no gastes tu energía en rencores, duplicidades o luchas intestinas, y deja margen a la alegría». Incluso durante la guerra, nunca perdió su sentido del humor, jamás dejó de ver la belleza que hay en el mundo y en ningún momento se rindió al hastío o al cinismo.

Tradiciones diferentes ofrecen recetas distintas para una vida digna. Los estoicos exhortaban a la determinación y la voluntad de hierro. Los epicúreos predicaban el relajamiento y los placeres sencillos. Los cristianos hablaban de salvar a la humanidad y glorificar a Dios. Los franceses, de *la alegría de vivir*. El más feliz y resistente de nosotros es el que logra incorporar a su vida un poco de cada uno de esos enfoques, y es indudable que Churchill lo hizo. Fue un hombre de una enorme disciplina y pasión. Fue un soldado, fue un amante de los libros, un creyente en la gloria y el honor, un estadista, albañil y pintor. «Todos somos gusanos», dijo en broma a un amigo en una ocasión, «organismos simples que comen, defecan y mueren», aunque a Churchill más bien le agradaba considerarse a sí mismo como una *luciérnaga*.

Además de sus impresionantes aptitudes mentales y de su fortaleza espiritual, también fue un inesperado maestro —dada su corpulencia— del tercer y último ámbito de la quietud, el físico.

Pocos habrían predicho que se distinguiría en esta área. Nacido con una constitución endeble, de joven se quejaba de estar «condenado a un cuerpo tan débil que apenas soportaba las fatigas del día». Sin embargo, al igual que haría Theodore Roosevelt antes que él, Churchill también supo cultivar en el interior de su frágil cuerpo un alma indomable y una mente resuelta, con las que venció sus limitaciones físicas.

Ese es un equilibrio que debe hallar todo aquel que aspira a una continua paz interior. *Mens sana in corpore sano*: mente sana en cuerpo sano. De hecho, cuando decimos que alguien «puso todo el corazón» no nos referimos al órgano, al músculo, nos referimos a la emoción, a su tenacidad y sus agallas. Si lo piensas bien, esta metáfora es engañosa. El trabajo físico realmente efectivo corre a cargo de la espina dorsal, de nuestra columna vertebral.

Pese a que el joven Churchill amaba la escritura, no se encerró entre libros en una empolvada y antigua biblioteca —como habría hecho un escritor convencional—. Puso su cuerpo en acción. Habiendo intervenido, ya fuese como observador o militar, en tres guerras seguidas, se ganó renombre como cronista de las hazañas del imperio, iniciándose como corresponsal de guerra en Sudáfrica durante la Guerra de los Bóers, donde fue hecho prisionero en 1899 y de cuyo cautiverio lograría escapar con vida.

En 1900 fue elegido para su primer cargo político. A los treinta y tres años, consciente de que la grandeza es imposible lograrla en solitario, se casó con Clementine, quien supondría para él una constante influencia brillante y tranquilizadora que equilibraba sus peores rasgos. El suyo fue uno de los grandes matrimonios de la época —se llamaban uno a otro «Pug» y «Cat» («cerdito» y «gatita»)—, caracterizado por un afecto y un amor verdaderos. «Convencer a mi esposa de que se casara conmigo», dijo, fue «mi mayor éxito. [...] Por supuesto que habría sido imposible que un hombre ordinario como yo superara todo lo que tuve que superar, en la paz y en la guerra, sin la abnegada ayuda de mi media naranja».

Por ambicioso e inquieto que fuera —tanto como laborioso—, Churchill rara vez se mostraba exaltado, y no toleraba la desorganización. Resulta casi frustrante enterarse de que las merecidamente famosas máximas de Churchill distaban mucho de ser espontáneas. «Nadie sabía del esfuerzo que invertía en ellas», dijo, «ni del que ocupaba en disfrazarlas de meras ocurrencias. Cada noche me someto a un verdadero consejo de guerra para ver si he hecho algo eficaz durante la jornada. Y no me refiero solo a dar patadas en el suelo como hacen los caballos —cualquiera puede actuar mecánicamente—, sino a algo realmente eficaz».

Como escritor fue muy productivo. Aunque ocupaba al mismo tiempo cargos públicos, se las ingenió para publicar siete libros tan solo entre 1898 y finales de la Primera Guerra Mundial. ¿Cómo lo logró? ¿Cómo conseguía tanto de sí mismo? La respuesta es simple: gracias a su rutina física.

Churchill se levantaba todos los días a las ocho de la mañana y tomaba su primer baño, al principio a 37 grados y que iban subiendo hasta alcanzar los 40 en el momento en que se sentaba —ocasionalmente se revolcaba— en el agua. Recién bañado, dedicaba las dos horas siguientes a leer. Luego respondía su correspondencia diaria, relacionada sobre todo con sus deberes políticos. Alrededor del mediodía pasaba a saludar a su esposa por primera vez; toda su vida creyó que el secreto de un matrimonio feliz era que los esposos no se encontraran antes de esa hora. Escribía entonces lo que se trajera entre manos, quizás un artículo, un discurso o un libro. Para las primeras horas de la tarde ya había reunido un buen número de cuartillas y se detenía abruptamente para comer —ceremonia para la cual por fin se vestía—. Después salía a pasear por Chartwell, su finca en la campiña inglesa, y a dar de comer a sus cisnes y peces, la actividad para él más importante y placentera del día. Posteriormente, tomaba asiento en el porche para tomar el aire, pensar y meditar. En busca de serenidad e inspiración, recitaba poemas para sí. A las tres de la tarde tomaba una siesta de dos horas, tras la cual dedicaba tiempo a su familia antes de darse un segundo baño previo a una cena formal y tardía —después de las ocho de la noche—. Luego de la cena y un par de copas, escribía un rato más antes de acostarse.

Se aferraba estrictamente a esta rutina incluso en Navidad.

Trabajador y disciplinado, Churchill no era perfecto, al igual que nosotros. Con frecuencia trabajaba más de lo que debía, normalmente porque gastaba más dinero del que tenía —y escribió textos que habría sido preferible mantener inéditos—. Era impetuoso, le gustaba apostar y tendía a comprometerse en demasía. No fue la incansable ejecución de sus deberes de guerra lo que le inspiró a describirse una vez, en un dibujo, como un cerdo que cargaba un peso de diez mil kilos. Fue más bien producto de su carácter indulgente.

Su vida no fue tampoco una interminable serie de triunfos. Cometió muchas equivocaciones, por lo general errores de juicio causados por el exceso de estrés. Así, regresó de la Primera Guerra Mundial con una hoja de servicios irregular. Su actuación en el gobierno se distinguió por grandes fracasos, pero se redimió con su renuncia para servir en el frente con los Royal Scots Fusiliers. Regresó al gobierno como ministro de Armamento, secretario de Estado de Guerra y del Aire y posteriormente como Secretario de Estado para las Colonias.

A mediados de la década de 1920 Churchill ya era ministro de Hacienda —cargo que estuvo a punto de sobrepasar sus capacidades— cuando firmó un contrato para producir un relato de la guerra en seis volúmenes y de tres mil páginas, que se titularía *The World Crisis*. Abandonado a sus propios recursos, es probable que hubiera hecho un esfuerzo sobrehumano por cumplir con esa increíble carga de trabajo, pero quienes lo rodeaban vieron que sus responsabilidades le imponían un gran esfuerzo y, preocupados de que se agotara en extremo, lo instaron a que buscara un pasatiempo que le brindara un mínimo de placer, disfrute y descanso. «Recuerde lo que le dije acerca de que se alejara de los problemas en curso», le escribió el primer ministro Stanley Baldwin. «Está por iniciarse un año crucial, y mucho depende de que usted conserve su salud».

A su muy particular estilo, eligió una inesperada forma de ocio: levantar paredes de ladrillo. Instruido en el oficio por dos empleados en Chartwell, se enamoró en el acto del lento y metódico procedimiento de mezclar mortero, palearlo y apilar ladrillos. A diferencia de sus ocupaciones literarias y políticas, hacer paredes de ladrillo no lo desgastaba físicamente, lo tonificaba. Podía apilar hasta noventa ladrillos en una hora. Le escribió al primer ministro en 1927: «Dediqué un delicioso mes a construir una cabaña y dictar un libro: doscientos ladrillos y dos mil palabras al día». Dedicaba por igual varias horas diarias a sus deberes ministeriales. Un amigo observó que le beneficiaba mucho trabajar con la tierra. Convertiría asimismo esa experiencia en un tiempo precioso que pasaba con su hija menor, Sarah, quien pasaba a su padre los ladrillos con toda diligencia, como su bella y adorada aprendiz.

Un sombrío periodo de la Primera Guerra Mundial le había inspirado otra afición: pintar al óleo. Quien lo introdujo en ella fue su cuñada; observó que Churchill era una olla a presión a causa del estrés, y le ofreció un juego de pinturas y pinceles con el que sus hijos se entretenían. En un pequeño libro titulado *Painting as a Pastime*, Churchill habló con elocuencia de la práctica de nuevas actividades que hacen uso de otras partes de nuestro cuerpo y nuestra mente para aliviar a las áreas que trabajan demasiado. «El cultivo de un pasatiempo y nuevos intereses es por tanto una costumbre de la mayor importancia para un hombre público», escribió. «Para estar realmente sano y feliz, uno debería tener al menos dos o tres pasatiempos, todos ellos efectivos».

Churchill no era muy bueno como pintor —también sus muros de ladrillo solían ser corregidos por profesionales—, pero incluso una mirada rápida a sus creaciones revela que se divertía mucho cuando las elaboraba. Eso es palpable en sus pinceladas. «El simple acto de pintar es una diversión excelente», diría. «Es encantador contemplar los colores, y delicioso apretar los tubos». Un conocido pintor le aconsejó desde el principio que no dudara nunca frente a un lienzo —es decir, que no *pensara demasiado*—, y él se lo tomó en serio. No se dejaba intimidar ni desalentaba por su falta de habilidad —solo eso podría explicar la audacia de haber añadido un ratón a un inestimable cuadro de Rubens que colgaba en una de las residencias del primer ministro—. Pintar era para él una expresión de dicha. Era *ocio*, no trabajo.

Como todas las buenas aficiones, la pintura enseña al practicante a estar presente. «Este acentuado sentido de observación de la naturaleza», escribió Churchill, «es una de las principales delicias que se me han presentado mediante el ejercicio de pintar». Había vivido cuarenta años en el planeta Tierra consumido por su trabajo y su ambición pero, gracias a la pintura, su perspectiva y su percepción se agudizaron. La obligación de tomarse tiempo para colocar su caballete, mezclar las pinturas y esperar a que secaran le hacía ver cosas que antes había pasado por alto.

Esa fue una práctica que cultivó activamente, incrementando su atención mental mediante ejercicios. Empezó a ir a museos para observar cuadros, dejando pasar un día entero antes de intentar recrearlos de memoria. O trataba de reproducir un paisaje fijo en su recuerdo —algo bastante similar a su hábito de recitar poemas—. «Pintar desafiaba a su intelecto, atraía a su sentido de la belleza y la proporción, liberaba su impulso creativo y... le daba paz», comentó su veterana amiga Violet Bonham Carter. Era también lo único que hacía en silencio. Su otra hija, Mary, observó que pintar y realizar labores manuales «eran los antídotos supremos contra la tendencia depresiva de su personalidad». Era feliz porque despejaba su cabeza y ponía su cuerpo a trabajar.

Eso resultó vital para él, porque en 1929 su asombrosa carrera política llegó de repente al que parecía ser un final ignominioso. Apartado de la vida pública, Churchill pasó una década en el seudoexilio de Chartwell, mientras Neville

Chamberlain y una generación de políticos británicos trataban de aplacar la creciente amenaza del fascismo en Europa.

La vida parece tratarnos mal en ocasiones. Nos patea el trasero. Todo aquello por lo que trabajamos puede desaparecer en un instante. Todo nuestro poder puede volverse impotente de repente. Lo que ocurra después no es solo una cuestión del espíritu o la mente, es una situación física real. *¿Qué haremos con nuestro tiempo? ¿Cómo manejaremos el estrés provocado por esa sacudida?*

La respuesta de Marco Aurelio fue que en tales situaciones uno debe «apreciar la disciplina que conoce y permitir que nos sostenga». En 1915, tras el fracaso de la campaña de Galípoli, Churchill escribió que se sentía como «una bestia marina pescada en las profundidades o un buzo que asciende súbitamente a la superficie, porque mis venas amenazaban con estallar a causa del cambio rápido de presión. Tenía una gran ansiedad y ningún medio para aliviarla; tenía convicciones apasionadas y muy poco poder para hacerlas efectivas». En 1929 en cambio, después de experimentar una frustración similar a la que le había acontecido años atrás, encontró en la pintura la disciplina que le permitiría el necesario alivio y reflexión.

Aunque a mediados de la década de 1930 él aún no era consciente, estar alejado del poder durante el rearme de Alemania fue justo lo que Churchill necesitaba. Requirió de mucha fortaleza para permanecer así y no exigir su restitución; si lo hubiera hecho, se habría visto salpicado por la incompetencia de sus colegas en el gobierno. Fue quizás uno de los pocos líderes británicos que se dio tiempo para sentarse y asimilar *Mi lucha*, de Hitler —si Chamberlain lo hubiera hecho, podría haberle parado los pies al Führer mucho antes—. Este *impasse* permitió que Churchill se dedicara por completo a escribir y hablar en la radio, convirtiéndose así en una respetada celebridad en Estados Unidos —preparando a este país para una eventual alianza con Gran Bretaña—. Además, también podía dedicar más tiempo a sus hijos, a sus óleos y a sus peces de acuario.

También tuvo que saber esperar. Por primera vez en su vida, salvo en aquellas tardes que pasaba en el porche de su casa, se vio forzado a no hacer *nada*.

¿Churchill el proscrito habría sido convocado de nuevo para dirigir Gran Bretaña en su momento más decisivo si hubiera permitido que su exilio político abrumara su mente, contaminara su alma y lo hubiese obligado a luchar para volver a ser el centro de atención? ¿Podría haber tenido, a los sesenta y seis años de edad, la energía y la fortaleza necesarias para echarse el país a cuestas y *liderarlo* sin esa supuesta década «perdida»? ¿Si hubiera mantenido su vertiginoso ritmo?

Seguramente no.

Él mismo escribió que a cada profeta se le debe desterrar al desierto, para que sufra soledad y privación, y se entregue a la meditación y al examen de su conciencia. De esta prueba física procede, aseguró, «la dinamita psíquica». Cuando se le llamó de nuevo, estaba listo, descansado. Veía lo que nadie más podía, o quería, reconocer. Todos se acobardaron por temor a Hitler; Churchill, no.

Peleó. Se alzó solo. Como dijo ante la Cámara de los Comunes:

A pesar de que grandes extensiones de Europa y muchos Estados antiguos y famosos han caído o pueden caer en las garras de la Gestapo y de todo el aparato odioso del gobierno nazi, no vamos a languidecer o fallar. Llegaremos hasta el final, lucharemos en Francia, lucharemos en los mares y océanos, lucharemos con creciente confianza y creciente fuerza en el aire, defenderemos nuestra isla, cualquiera que sea el costo, lucharemos en las playas, lucharemos en las pistas de aterrizaje, lucharemos en los campos y en las calles, lucharemos en las colinas, ¡nunca nos rendiremos!, e incluso si, cosa que ni por un momento creo que suceda, esta isla o una gran parte de ella fuera subyugada y estuviera hambrienta, entonces nuestro Imperio más allá de los mares, armado y protegido por la flota británica, cargaría con el peso de la resistencia, hasta que, cuando sea la voluntad de Dios, el Nuevo Mundo, con todo su poder y su fuerza, avance al rescate y a la liberación del Viejo.

Churchill exigió el mismo valor a su propia familia. Cuando su nuera lo interrogó acerca de qué harían si los alemanes invadían Gran Bretaña, él gruñó y replicó: «Siempre puedes tomar un cuchillo de la cocina y acabar con uno, ¿verdad?».

El Imperio británico había sido responsable de deplorables violaciones de los derechos humanos, pero Churchill reconocía el mal irremediable cuando lo veía, y su nombre era *nazismo*. Los campos de concentración y el exterminio genocida aún estaban por llegar, pero él comprendió que ningún líder que se respetara a sí mismo, ningún país digno, podía hacer un pacto con Hitler. Aun si eso era más provechoso. Aun si protegía a

Gran Bretaña de una invasión. Al mismo tiempo, procuraba controlar las pasiones que la guerra agitaba. «No odio a nadie salvo a Hitler», declaró, «y lo hago por deber profesional».

Fue un luchador infatigable desde el día en que Gran Bretaña le declaró la guerra a Alemania, en 1939, hasta la conclusión del conflicto bélico, a mediados de 1945. Durante la guerra, Clementine diseñó para él un traje especial con el que *podía* dormir. Fueron sus llamados «trajes de sirena» —que los británicos bautizaron como «mamelucos»—; le ahorraron minutos preciosos que de lo contrario habría dedicado a vestirse y le permitieron seguir haciendo sus indispensables siestas.

Sí, es cierto que durante esos años no gozó de un equilibrio adecuado; trabajaba 110 horas a la semana y apenas estuvo quieto un momento. Se ha calculado que viajó 177.000 kilómetros por aire, mar y tierra tan solo entre 1940 y 1943. Se decía que tenía «más prisa que un incendio forestal y menos paz que un huracán». Pero, insisto, había descansado precisamente para poder afrontar tales circunstancias; y, cuando tenía la opción de hacerlo, recuperaba su rutina, incluso cuando vivía como una ardilla en el búnker subterráneo que alojaba las oficinas del gabinete de guerra. No tuvo mucho tiempo para pintar durante el conflicto —ni muchas oportunidades para estar en la naturaleza—, pero lo hacía cuando podía: pintó un hermoso cuadro de una puesta de sol en el norte de África; condujo cinco horas extra para captar aquel instante tras la reunión que mantuvieron las grandes potencias bélicas en Casablanca.

Es poco probable que alguien haya hecho más que él por salvar o promover las cosas que eran sagradas para la civilización oriental u occidental. ¿Y cómo fueron recompensados todos los esfuerzos que hizo?

En 1945 se le destituyó de su cargo. Tras conocer la noticia, Clementine le dijo a modo de consuelo: «No hay mal que por bien no venga». Él replicó: «Pues este bien ha de estar muy escondido». Estaba equivocado. Ella, como siempre, tenía razón.

No solo porque eso permitió que Churchill escribiera su última serie de memorias, *La Segunda Guerra Mundial*, en la que dejó firmemente establecidas las lecciones que han impedido al mundo lanzarse al suicidio desde entonces, sino también porque hizo posible una vez más que descansara y se equilibrara. Hay fotografías suyas en las que aparece pintando en Marrakech en 1948 o en el sur de Francia en la década de 1950. Pintó en total unos 550 cuadros en su vida, 145 de ellos después de la guerra.

La suya fue, en definitiva, una vida llena de luchas y sacrificios, en gran medida incomprendidos y por los que no obtuvo gratitud alguna. Fue productiva, aunque pagó un alto precio a nivel personal. Esas mismas tareas y responsabilidades habrían consumido y destrozado a una docena de personas comunes.

«¿Valió la pena?», se había preguntado un desencantado héroe en la única novela que Churchill publicó. «Tanta lucha, esfuerzo, urgencia y sacrificio de tantas cosas que facilitan la existencia o la vuelven agradable, ¿para qué?». Escribió esto cuando era joven, inquieto y ambicioso y no se había comprometido de verdad con el servicio público. En el futuro, le esperaban cincuenta y cinco años en el Parlamento, treinta y uno como ministro y nueve como primer ministro. Esos años por venir le enseñarían el verdadero valor de la vida y lo que en realidad significaba combatir por causas que importan. Experimentó tanto triunfos como desastres. Y al final de su vida supo que todo había valido la pena; quienes vivimos ahora le estamos muy agradecidos por su empeño.

De hecho, sus últimas palabras fueron una confirmación de ese hecho:

El viaje fue agradable y valió la pena hacerlo; ¡una vez!

Epicuro dijo en una ocasión que el sabio cumplirá tres cosas en su vida: escribir libros, ejercer prudencia financiera a fin de asegurar su futuro y apreciar la vida en el campo. Esto quiere decir que será reflexivo, será responsable y moderado y buscará tiempo para relajarse en la naturaleza. No puede decirse que Churchill no haya hecho bien estas cosas —incluso concediendo que lo cumplió solo cuando pudo permitírselo—.

Comparemos esa descripción con las tres palabras que Aristóteles empleó para representar la vida de los esclavos de su tiempo: «Trabajo, castigo y alimento».

¿De cuál de ambas descripciones estamos más cerca en el mundo de hoy? ¿Cuál de ellas es el camino hacia la felicidad y la quietud?

Nadie puede descuidar el último ámbito de nuestro viaje a la quietud, lo que hacemos con nuestro cuerpo, lo que ponemos *dentro* de él, dónde habitamos, qué tipo de rutina y horario tenemos. Cómo hallamos tiempo libre y alivio de las presiones de la vida.

Para ser la mitad de productivos que Churchill y disfrutar del entusiasmo, el vigor y la quietud que definieron su vida, tendremos que cultivar ciertos rasgos. Cada uno de nosotros deberá:

- Elevarse por encima de sus limitaciones físicas.
- Buscar pasatiempos que lo relajen y recuperen.
- Desarrollar una rutina confiable y disciplinada.
- Dedicar tiempo a actividades al aire libre.
- Buscar soledad y perspectiva.
- Aprender a no hacer nada cuando se requiera.
- Dormir lo suficiente y controlar la adicción al trabajo.
- Comprometerse con grandes causas.

Como suele decirse, el cuerpo lleva la cuenta. Si no nos ocupamos físicamente de nosotros mismos, no nos equilibraremos de manera apropiada, aunque seamos muy fuertes de mente o espíritu.

Esto exigirá esfuerzo. Porque no todo se reduce a *pensar* cuál será nuestro camino hacia la paz, ni a suplicar salud para nuestro espíritu. Tenemos que actuar, movernos y dirigirnos hacia ese punto. Nuestro cuerpo —nuestros hábitos, acciones, rituales o el cuidado de nosotros mismos— necesita que mente y espíritu estén en sintonía. También necesitaremos que nuestra mente y nuestro espíritu estén bien alineados para conseguir que el cuerpo haga lo propio.

Es una trinidad sagrada. Cada parte depende de las demás.

DI QUE NO

Las ventajas de la no acción pocos en el mundo
las alcanzan.

DAODEJING

Cuando Fabio fue enviado a dirigir las legiones romanas contra Aníbal, no hizo nada. No atacó. No se precipitó para hacer volver a África al temible invasor de Italia.

Podrías pensar que ese fue un signo de debilidad —la mayor parte de Roma así lo interpretó—, pero en realidad formaba parte de la estrategia de Fabio. Aníbal estaba lejos de su hogar, perdía hombres a manos de los elementos naturales y no podía reemplazarlos sin esfuerzo. Fabio creía que a Roma le bastaría con resistir y no entablar costosas batallas para salir triunfadora.

Pero la turba no podía aceptar tanta moderación. *Somos el ejército más poderoso del mundo*, decían los críticos. *¡No nos quedamos sentados sin hacer nada cuando alguien nos agrede!* De ese modo, mientras Fabio asistía a una ceremonia religiosa fuera de la ciudad, presionaron a su comandante Minucio para que atacara a Aníbal con su ejército.

Las cosas no marcharon bien. Minucio cayó en una trampa, y Fabio tuvo que salir a su rescate. Aun así, Minucio fue recordado como un héroe por *hacer algo*, en tanto que a Fabio se le calificó de cobarde porque lo contuvo. Concluido el mandato de Fabio, las asambleas romanas decidieron abandonar la «estrategia fabiana» que había consistido en evitar el enfrentamiento directo con el ejército de Aníbal y acometer una guerra de desgaste, en favor de mayor agresividad y más acción.

No dio resultado. Solo después del baño de sangre de la batalla de Cannas, en la que los romanos atacaron a Aníbal y perdieron la casi totalidad de su ejército en una horrible matanza, la gente comprendió la sabiduría de Fabio. Entendió que lo que parecía un exceso de precaución era un brillante método de guerra. Fabio había ganado tiempo y dado a su adversario la oportunidad de destruirse. Mucho tiempo después, la gente se mostró dispuesta a escucharlo.

Mientras la mayoría de los próceres romanos recibían títulos honoríficos que ponían de manifiesto sus grandes victorias o sus logros en el extranjero, Fabio recibió uno muy peculiar: *Fabius Cunctator*.

El Contemporizador.

Fabio Máximo fue especial por lo que no hizo —por esperar antes de actuar—, y ha permanecido desde entonces como un notable ejemplo para todos los líderes. En particular, para los que se sienten presionados por sí mismos o por sus seguidores a ser osados y emprender acciones inmediatas.

En el béisbol, los bateadores gozan de una gran reputación. Particularmente, en el caso de jugadores procedentes de países pobres y pequeños: mostrando su potencia para conectar *home runs* es como se hacen valer a ojos de entrenadores y cazatalentos. Como dicen en República Dominicana: «De esta isla no sales caminando». No, sales a *batazos*.

En la vida ocurre lo mismo. No puedes pretender beneficiarte de las oportunidades que no aprovechas.

Pero el doctor Jonathan Fader, psicólogo de deportistas de élite que ha pasado casi una década con los Mets de Nueva York, se ha referido a lo compleja que es esta lección para los jugadores novatos en las ligas mayores. Forjaron su reputación, y por tanto su identidad, como buenos bateadores… y entonces les toca enfrentarse a los mejores lanzadores del mundo. De repente, la agresividad es una debilidad, no una fortaleza. Deben plantarse frente a millones de personas, cobrando millones de dólares y, sobre todo, han de ser capaces de *no* batear. Tienen que ser pacientes y esperar a hacerlo solo cuando confíen en que el lanzamiento será perfecto.

Lo que deben aprender, lo que el gran bateador Sadaharu Oh aprendió en una serie de complicados ejercicios de bateo diseñados por su entrenador y maestro zen, Hiroshi Arakawa, es el poder de la espera, el poder de la precisión, el poder del vacío. Porque eso es lo que hace a un verdadero profesional. Un bateador de verdad requiere manos rápidas y caderas potentes, cierto, pero también el poder del *wu wei*, el poder de la no acción.

El *wu wei* es la aptitud para contener el impulso de batear: esperar hasta ver el lanzamiento perfecto. Es la meditación del yogui. Este está quieto *físicamente*, para estar activo en un nivel mental o espiritual. Kennedy estuvo igual durante la crisis de los misiles. Quizá pareció que no hacía lo suficiente —que no se apresuraba a destruir a su enemigo—, pero entretanto se daba tiempo y espacio para pensar, y para que los rusos hicieran lo mismo. La capacidad de practicar el *wu wei* fue justo lo que Tiger Woods perdió cuando su adicción al trabajo y al sexo tomó el control.

Una *acción disciplinada*: así llamó John Cage a no hacer nada en las instrucciones para la ejecución de *4'33"*.

No sales del laberinto corriendo por él. Debes detenerte y pensar. Caminar despacio y atento y contener tu energía, o de lo contrario te perderás sin remedio. Lo mismo puede decirse respecto a los problemas que afrontamos en la vida.

La luz verde es un símbolo muy sugerente en la cultura occidental. Olvidamos lo que Mister Rogers quería hacernos ver: que la luz amarilla y la roja son igual de importantes: Aminora la marcha, *detente*. Un estudio reciente reveló que los participantes en el mismo preferían recibir una descarga eléctrica antes que aburrirse siquiera unos minutos. Y después nos preguntamos por qué la gente hace tantas tonterías.

Hay un evocador video de una entrevista a Joan Rivers —la que fue una de las comediantes más valoradas, respetadas y talentosas de todos los tiempos— en el que aparece ya bien entrada en los setenta años y se le pregunta por qué sigue trabajando, por qué siempre está de gira, en busca de más actuaciones. Para explicar al presentador sobre el motivo que la impulsa, Joan muestra un calendario en blanco.

«Si mi agenda se viera así alguna vez, significaría que nadie me necesita, que nada de lo que hice en la vida funcionó. Nadie se interesaría por mí, y yo caería completamente en el olvido».

Quizá nunca hubo suficiente para Joan. Se trata de entender que nuestro trabajo mejor y más duradero ocurre cuando nos tomamos las cosas con calma. Cuando escogemos batear la pelota porque hemos sabido esperar hasta el lanzamiento adecuado.

Quien crea que no es nadie importante y que tampoco importa si deja de hacer algo, aunque sea solo por *unos días*, se está privando de la quietud, sí, pero también se está alejando de poder acceder a un estadio superior de rendimiento que se deriva de ello.

Esto es difícil en el terreno espiritual, y más todavía en el físico. Tienes que saber decir no. Debes obligarte a *no* subir al escenario.

Si Fabio hubiera sido débil, no habría podido resistirse a atacar a Aníbal, y la historia habría sido distinta. Por ejemplo, un corredor de larga distancia que no puede controlar su ritmo o un administrador de dinero incapaz de esperar un mercado al alza: si personas así no aprenden a aplicar el arte del *wu wei* en su profesión, no tendrán éxito. Si no lo haces *tú*, olvídate del éxito, agotarás tu cuerpo. ¡Y no tienes uno de recambio!

Deberíamos ver con preocupación, y aun compadecer, a quienes se han vuelto esclavos de su agenda, tanto que necesitan tener a un equipo de diez personas para que se ocupen de todos sus proyectos en curso y cuya vida se asemeja a la de un fugitivo que huye de una situación a la siguiente. Ahí no hay quietud. Solo esclavitud.

Todos debemos mejorar en saber decir no: «Lo siento, no estoy disponible». «Lo lamento; suena maravilloso, pero preferiría no hacerlo». «No, voy a esperar y a ver». «No me agrada esa idea». «No necesito eso; sacaré el mayor provecho de lo que ya tengo». «No, porque si te digo que sí, tendría que decirles que sí a todos».

Quizá no sea muy virtuoso decir «Lo siento, no puedo» cuando sí puedes, pero no quieres; pero ¿realmente puedes? ¿De verdad puedes permitirte hacerlo? ¿Y no perjudicas al final a otras personas si constantemente estás forzando al máximo?

Un piloto puede decir: «Lo siento, estoy a la espera de que me llamen» para no comprometerse más de lo posible. Los médicos, bomberos y policías están «de guardia» como dispositivo de protección. ¿No deberíamos estar de guardia en nuestras propias vidas? ¿No debería existir algo, o alguien, para lo que preservar nuestras plenas capacidades? ¿Nuestro cuerpo no tendría que estar de guardia para dedicarlo a nuestra familia, nuestra superación personal y nuestro trabajo?

Piensa siempre en lo que en verdad se espera de ti, porque la respuesta suele ser que se espera que entregues *una parte de tu existencia*, generalmente a cambio de algo que ni siquiera deseas. Recuerda que el tiempo es tu vida, tu carne y tu sangre, y que nunca lo recuperarás.

En cada situación pregúntate:

¿En qué consiste esto?
¿Por qué importa?
¿Lo necesito?

¿Lo quiero?

¿Cuáles son sus costes ocultos?

¿Recordaré con satisfacción en el futuro haber hecho esto?

Si jamás me hubiera enterado —si la petición se hubiera
perdido en el correo, si no me hubieran localizado—,
¿habría sentido que perdía algo?

Cuando sabemos a qué decir no, podemos decir sí a lo que
realmente importa.

CAMINA

Las ideas que tenemos cuando caminamos son
las únicas que poseen valor.

FRIEDRICH NIETZSCHE

Casi todas las tardes, los ciudadanos de Copenhague pre-
senciaban el extraño espectáculo que consistía en que
Søren Kierkegaard recorriera las calles. El filósofo refunfuñón
escribía de pie cada mañana en un escritorio, y a mediodía
salía a caminar por las agitadas calles de la urbe.

Caminaba por las entonces modernas «aceras», que habían
sido construidas para que los ciudadanos elegantes pudieran
dar un paseo. Caminaba por los parques y por los senderos del
Assistens Cemetery, donde más tarde sería enterrado. En ocasiones cruzaba las murallas de la ciudad y salía al campo. Nunca
seguía una trayectoria recta: zigzagueaba, atravesaba la calle sin
previo aviso tratando de permanecer siempre en la sombra.
Cuando se agotaba, o conseguía resolver algún asunto sobre el

que había estado reflexionando, o bien se le ocurría una buena idea, se marchaba a casa, donde escribía durante el resto del día.

Ver caminar a Kierkegaard sorprendía a los residentes de Copenhague porque, al menos por sus escritos, parecía un individuo muy nervioso. No se equivocaban. Caminaba para librarse del estrés y la frustración que sus exploraciones filosóficas le producían de modo inevitable.

En una bella carta dirigida a su cuñada, quien solía estar postrada en cama y se deprimía mucho, Kierkegaard escribió acerca de la importancia de caminar. «Sobre todo», le dijo en 1847, «no pierdas tu deseo de caminar: yo lo hago todos los días hasta que me sumerjo en un estado de bienestar y me aparto de toda dolencia; caminando he tenido mis mejores ideas, y no conozco pensamiento tan denigrante del que no pueda deshacerme andando».

Kierkegaard pensaba que el sedentarismo atraía enfermedades. Así, caminar, el *movimiento*, era casi sagrado para él: depuraba el alma y despejaba la mente en una forma que le permitía realizar sus exploraciones como filósofo. La vida es un camino, le gustaba decir, que debemos recorrer.

A pesar de la gran elocuencia en sus textos respecto a la práctica de caminar, no era de ninguna manera el único aficionado a ella ni el único que cosechaba sus beneficios. Nietzsche afirmó que las ideas vertidas en *Así habló Zaratustra* se le ocurrieron en una larga caminata. Nikola Tesla descubrió el campo magnético rotacional, uno de los adelantos científicos más importantes de todos los tiempos, durante un paseo por un parque de Budapest en 1882. Cuando vivía en París, Ernest

Hemingway hacía largos recorridos por las avenidas cada vez que se bloqueaba en sus creaciones y necesitaba aclarar sus pensamientos. La rutina diaria de Charles Dickens incluía varios paseos, algo que también hacían Steve Jobs y los psicólogos Amos Tversky y Daniel Kahneman; este último escribió: «Alcancé los mejores razonamientos de mi vida en ociosos paseos con Amos». Era la actividad física del cuerpo, aseguró Kahneman, lo que hacía que su cerebro operara mejor.

Cuando Martin Luther King Jr. era seminarista en Crozer, daba todos los días un paseo de una hora por los bosques de las instalaciones para «ponerse en comunión con la naturaleza». Walt Whitman y Ulysses S. Grant tropezaban a menudo entre sí en sus respectivas caminatas por Washington, lo que despejaba su mente y les ayudaba a pensar. Quizá fue esa experiencia a la que Whitman se refirió en estos versos de «Un canto de alegrías»:

¿Conoces las alegrías del pensamiento y sus ardientes tristezas?
¿Las alegrías del corazón libre y abandonado, del corazón tierno y
*   amargado?*
¿Las alegrías del paseo solitario, del espíritu inclinado pero altivo,
*   del sufrimiento, del combate?*

Se sabe que Freud hacía veloces caminatas por la Ringstrasse de Viena después de comer. El compositor Gustav Mahler dedicaba hasta cuatro horas diarias a caminar, tiempo que empleaba para elaborar y anotar ideas. Por la misma razón, Ludwig van Beethoven, cuando paseaba, siempre llevaba consigo partituras y algo para escribir. Dorothy Day fue andariega toda su vida;

en sus paseos por la playa en Staten Island durante la década de 1920 experimentó por primera vez la presencia de Dios en su vida y el despertar que la puso en el camino de la santidad. Quizá no sea mera coincidencia que el propio Jesús fuera aficionado a las caminatas —un *viajero*— y que conociera el divino placer de colocar un pie frente a otro.

¿Cómo es que el acto de *caminar* nos acerca a la quietud? ¿Acaso el tema del que hablamos no implica precisamente reducir la actividad, en lugar de buscarla? Sí, nos movemos cuando caminamos, pero no es un movimiento frenético y ni siquiera consciente; se trata de un movimiento repetitivo, rítmico, es casi un ritual. Es un ejercicio de paz.

Los budistas hablan de la «meditación mientras se camina», o *kinhin*, en la que el movimiento que se realiza tras haber estado sentado durante una larga jornada, particularmente si el recorrido se hace a través de un bello escenario, produce una serenidad distinta a la de la meditación tradicional. De hecho, solo podrás sumergirte en el bosque —y en la belleza natural— si sales de tu casa, tu oficina o tu coche y recorres una arboleda a pie.

La clave de un buen paseo es estar receptivo. Estar presente y abierto a la experiencia. Deja de lado tu teléfono. Aparta los apremiantes problemas de la vida, o minimízalos conforme caminas. Mira tus pies. ¿Qué hacen? Advierte que se mueven sin esfuerzo. ¿Eres tú quien lo hace o ellos se mueven por sí solos? Escucha el sonido de las hojas que crujen bajo tus pies. Siente la presión de tus pasos en el suelo.

Inhala, exhala. Piensa en quién pudo recorrer ese mismo sendero siglos antes que tú. Imagínate a aquella persona que colocó el pavimento sobre el que caminas. ¿Qué habrá sido de ella? ¿Dónde se encontrará ahora? ¿En qué creía? ¿Qué problemas tenía?

Cuando sientas la llamada de tus responsabilidades o el deseo de reconectarte con el mundo exterior, tómate un poco más de tiempo. Si te encuentras en un camino que ya conoces, da una vuelta repentina en una calle o colina arriba, donde no hayas estado antes. Rompe con la rutina, deja espacio a las sorpresas, disfruta de lo desconocido.

Piérdete, vuélvete inaccesible, avanza con *lentitud*.

Este es un lujo a disposición de todos. Aun el más pobre de los indigentes puede dar un hermoso paseo en un parque nacional o en un estacionamiento vacío.

Esto no tiene nada que ver con quemar calorías o aumentar tu ritmo cardiaco. Al contrario, no se trata de hacer nada. Se trata de una afirmación, de una manifestación en ti mismo de los conceptos de presencia y desapego, de vaciar la mente, de sentir y apreciar la belleza del mundo a tu alrededor. Aléjate de los malos pensamientos mientras caminas; enfócate en los que emergen ahora.

En un buen paseo, la mente no está en blanco completamente. No puede estarlo; de lo contrario, tropezarías con una raíz o serías atropellado por un coche o un ciclista. El objetivo no es, como en la meditación tradicional, que despejes de tu mente todo pensamiento u observación, sino que observes tu entorno. Tu mente está activa en lo que haces, pero eso es quietud. Es un tipo diferente de pensamiento, más sano si lo ejecutas bien. Un estudio de la New Mexico Highlands

University determinó que la fuerza de nuestras pisadas puede aumentar el flujo sanguíneo al cerebro. Investigadores de Stanford descubrieron que quienes tienen la costumbre de caminar se desempeñan mejor en pruebas que miden el «pensamiento creativo divergente» durante y después de sus recorridos. Un estudio de Duke University reveló algo similar a lo que Kierkegaard le explicó a su cuñada: que para tratar la depresión crónica, en algunos pacientes, caminar puede ser tan eficaz como los medicamentos.

El poeta William Wordsworth caminó hasta 290.000 kilómetros en su vida, ¡un promedio de diez al día desde que tenía cinco años! Ideó gran parte de sus poemas mientras caminaba, habitualmente en torno a Grasmere, un lago de la campiña inglesa, o Rydal Water, no lejos de allí. En esas largas caminatas acudían a él versos que repetía una y otra vez, ya que podían transcurrir varias horas hasta que tuviera la oportunidad de escribirlos. Sus biógrafos se han preguntado desde entonces si el escenario inspiraba las imágenes de sus poemas o si era el movimiento lo que lo incitaba a pensar. Quienes alguna vez hayan descubierto algo paseando saben que ha sido posible gracias por igual a ambas fuerzas mágicas.

En nuestra búsqueda de la belleza y lo bueno en la vida, haríamos bien en salir a callejear. Con la intención de desbloquear una parte más profunda de nuestra conciencia y para acceder a un alto nivel de nuestra mente, haríamos bien en poner en movimiento nuestro cuerpo, avivando el flujo sanguíneo.

El estrés y la dificultad pueden abatirnos. Sentados frente al ordenador, la información y los correos nos abruman con una cosa tras otra. ¿Estamos condenados a permanecer ahí y absorber todo eso? ¿A permitir que ese mal se ensañe en nosotros? No. ¿Debemos ponernos de pie para emprender otro proyecto tan constructivo como la limpieza o tan catártico como una discusión? No. No estamos obligados a hacer nada de eso.

Salgamos a caminar.

Kierkegaard cuenta que una mañana salió de su casa en un estado de desesperanza y frustración; un estado *enfermizo*, según sus propias palabras. Una hora y media después, por fin se sintió en paz y estaba a punto de volver a casa cuando se cruzó con un amable caballero que le refirió sus diversos problemas. ¿Acaso no es así como suelen acabar las cosas?

Ciertamente, según Kierkegaard, no tiene por qué ser así. «Solo tenía que hacer una cosa», escribió, «en lugar de volver a casa, volví a caminar».

Eso es lo que debemos hacer nosotros. Caminar.

Y, después, caminar un poco más.

ESTABLECE UNA RUTINA

Si una persona invierte un poco de energía en
seguir un ritual y las normas de la rectitud, se le
devolverá duplicada.

XUNZI

Fred Rogers se levantaba todos los días a las cinco de la
mañana para dedicar una hora serena a la reflexión y
la oración. Después iba a nadar al Pittsburgh Athletic Club.
Antes de dirigirse a la piscina se pesaba —era importante que
siempre pesara 65 kilos— y cuando se zambullía cantaba para
sí «Jubilate Deo». Un amigo suyo relató de Fred que cada día
salía de la piscina como recién bautizado, fresco y preparado
para la jornada que le esperaba.

Cuando llegaba al plató de su programa de televisión empezaba la siguiente parte del ritual, que se grabó para la posteri-
dad de forma idéntica en cientos de episodios, un año tras otro.
Empieza el tema musical, la luz amarilla parpadea y la cámara

se desplaza a la puerta frontal. Mister Rogers entra cantando y baja las escaleras. Se quita el abrigo y lo cuelga en el armario. Se pone su característico cárdigan, hecho por su madre, y se sube la cremallera. Luego se quita los zapatos y se pone un cómodo par de pantuflas. Y es entonces, justo en ese momento, cuando Mister Rogers empieza a hablar y a instruir a las personas a las que más quiere en el mundo: los niños de su barrio.

Esto podría parecerle monótono a más de uno. La misma rutina todos los días, que se extendía más allá del «¡corten!» al final de cada programa y que continuaba con una siesta vespertina y la cena familiar antes de que llegara la hora de acostarse, a las nueve y media. El mismo peso en la báscula, la misma comida, el mismo inicio, el mismo final del día. ¿Te parece aburrido? La verdad es que una buena rutina no es solo una fuente de confort y estabilidad, es también el fundamento que hace posible un trabajo estimulante y satisfactorio.

La rutina, practicada durante suficiente tiempo y con suficiente sinceridad, es algo más que *rutina*. Se convierte en un ritual, se vuelve sagrada.

Quizá Mister Rogers no sea de tu agrado y prefieras seguir los pasos del legendario defensa de baloncesto estadounidense del All Stars, Russell Westbrook, quien comienza su rutina *exactamente* tres horas antes del inicio de cada partido. Primero hace sus ejercicios de calentamiento. Después, una hora antes del partido, visita la capilla del estadio. Luego se come un bocadillo de crema de cacahuete con mermelada — siempre de pan tostado de trigo con mantequilla, mermelada de fresa y crema de cacahuete Skippy, cortado en diagonal—. Justo seis minutos, diecisiete segundos antes de que empiece el partido inicia su último ejercicio de calentamiento en equipo. Utiliza pares de zapatillas distintas para los partidos, los entrenamientos y los partidos fuera de casa. Desde el instituto ha hecho lo mismo después de lanzar un tiro libre: camina hacia atrás, rebasa la línea de tres puntos y avanza de nuevo para preparar el disparo siguiente. En el centro de entrenamiento dispone de una plaza de aparcamiento específica, y le gusta entrenar en la cancha de práctica número 3. Llama a sus padres todos los días a la misma hora. Y así sucesivamente.

Los deportes están repletos de casos como el de Westbrook: porteros de hockey, lanzadores de béisbol, mariscales de campo y pateadores de futbol americano: las posiciones más cerebrales en sus respectivos deportes. Les llaman *raros*, y consideran sus rutinas como supersticiones. Nos extraña que sujetos tan exitosos como ellos, que no reciben órdenes de nadie y que poseen un talento evidente, se sometan a una rutina. ¿No es un objetivo del éxito el poder saltarse algunas reglas y normativas triviales? ¿El poder hacer lo que uno quiera?

Los más grandes saben que la libertad total es una pesadilla. Que el orden es un requisito de la excelencia y que, en un mundo impredecible, los buenos hábitos son un paraíso seguro de certidumbre.

Eisenhower definió la libertad como la oportunidad para ejercer la autodisciplina. De hecho, la libertad, el poder y el éxito *requieren* autodisciplina, porque sin ella aparecen el caos y la complacencia. Entonces, la disciplina es esencial para conservar nuestra libertad.

También es la vía de acceso al ámbito mental correcto para desempeñar bien nuestra labor. El escritor y corredor Haruki Murakami explica por qué sigue la misma rutina todos los días. «La repetición resulta ser lo importante», dice, «es una forma de hipnosis. Me hipnotizo para llegar a un estado mental más profundo».

Cuando conseguimos despejar nuestros pensamientos y el cuerpo se entrega por completo a la actividad, realizamos nuestro mejor trabajo.

Una rutina puede basarse en el tiempo. Jack Dorsey, fundador y director general de Twitter, se levanta sin falta a las cinco de la mañana. El exmiembro de las fuerzas especiales de la Marina, Jocko Willink, se levanta a las cuatro y media y publica cada mañana una foto de su reloj para demostrarlo. La reina Victoria se levantaba a las ocho, desayunaba a las diez y se reunía con sus ministros de once a once y media. El poeta John Milton se levantaba a las cuatro para leer y meditar, así que a las siete ya estaba listo para «ordeñar» sus textos.

Una rutina puede centrarse asimismo en el orden. Confucio insistía en que su esterilla estuviera recta y estirada, o de lo contrario no se sentaba. Jim Schlossnagle, el entrenador de béisbol que se hizo cargo del equipo de la Texas Christian University, tras una larga racha de partidos mediocres, enseñaba a sus jugadores a mantener ordenadas e impecables sus taquillas en todo momento, así como el foso del estadio —desde aquel momento, ese equipo no tuvo ninguna temporada perdedora y participó cuatro veces consecutivas en la serie mundial colegial—. El *orden* también es importante para el gran tenista Rafa

Nadal, quien siempre toma agua y una bebida energizante en el mismo orden, tras lo cual alinea los dos envases perfectamente.

La rutina puede fijarse igualmente en torno a un objeto, un sonido o un aroma. El poeta Rainer Maria Rilke tenía dos plumas y dos clases de papel en su escritorio; usaba una para escribir y la otra para hacer cuentas, redactar cartas y elaborar documentos banales. A los monjes se les llama a meditar en el monasterio tocando una campana; otros frotan incienso en sus manos antes de ceremonias y meditaciones.

Una rutina puede ser religiosa o basarse en la fe. Confucio hacía siempre una ofrenda antes de comer, por frugal que fuera la comida. Los griegos consultaban el oráculo de Delfos antes de una decisión trascendente y hacían sacrificios previos a una batalla. Los judíos han mantenido el Sabbath durante miles de años, dijo Ahad Ha'am, «durante los cuales el Sabbath los ha mantenido a ellos».

Repetida suficientes veces y ejecutada con sentimiento y sinceridad, la rutina se convierte en un ritual. Esa regularidad —la cadencia cotidiana— genera una experiencia profunda y significativa. Para una persona común, cuidar un caballo podría representar un deber. Para el libertador latinoamericano Simón Bolívar era una cosa sagrada y esencial de su día a día. Cuando el cuerpo se ocupa de hacer algo que ya conoce, la mente se relaja. La monotonía se vuelve memoria muscular. Desviarse parece peligroso, equivocado. Es como si se invocara al fracaso.

Algunos podrían burlarse de ese comportamiento «supersticioso», pero es una forma equivocada de concebirlo. Como explicó Rafa Nadal: «Si fuera superstición, ¿por qué seguiría haciendo lo mismo cada vez, tanto si gano como si pierdo? En realidad, se trata de una manera de situarme en el partido, de organizar mi entorno para que coincidan con el orden que busco en mi cabeza». ¿De verdad los griegos creían que el oráculo de Delfos les decía lo que tenían que hacer, o la esencia del asunto era el proceso que implicaba la consulta, el viaje al monte Parnaso?

Los sociólogos descubrieron que las tribus isleñas eran más propensas a crear rituales para actividades que dependían de la suerte que para aquellas en las que esta no intervenía, como pescar en mar abierto o en una laguna. La verdad es que, en nuestro caso, la suerte siempre está en juego, es un factor permanente.

El propósito del ritual no es poner a los dioses de nuestro lado —¡aunque eso no nos causaría ningún mal!—. Es serenar el cuerpo —y la mente— cuando resulta que la Fortuna es nuestro adversario al otro lado de la cancha.

La mayoría de la gente emprende un nuevo día como una interminable descarga de decisiones desconcertantes y abrumadoras, una después de otra. *¿Qué ropa me pondré? ¿Qué debo comer? ¿Qué debo hacer primero? ¿Qué debería hacer después? ¿Qué clase de trabajo debo hacer? ¿Debo resolver este problema a toda costa o correr a apagar aquel incendio?*

Sobra decir que eso es algo agotador, un torbellino de interrupciones externas y de impulsos, incentivos y preferencias en conflicto. No es un camino hacia la quietud, y difícilmente es un camino para obtener lo mejor de nosotros mismos.

El psicólogo William James habló de hacer de los hábitos nuestros aliados, en lugar de que sean de nuestros enemigos. Considera que podemos vivir un día y toda una vida de manera honesta, ordenada y tranquila, creando una muralla contra el caos del mundo, para así disponer de lo mejor de nosotros mismos y poder expresarlo en nuestro trabajo.

> Para esto, tan pronto como sea posible, debemos volver habituales y automáticas tantas acciones útiles como podamos, y guardarnos de actuar en formas que es probable que sean poco provechosas para nosotros. Cuantos más detalles de nuestra vida diaria pongamos bajo la simple custodia de la automatización, más facultades superiores de nuestra mente estarán libres para su labor. No existe ser humano más desdichado que aquel para quien lo único habitual es la indecisión, y para quien encender cada puro, beber cada copa, la hora de levantarse y acostarse cada día y el inicio de cada labor son objeto de constante deliberación de la voluntad.

Cuando automatizamos las cosas triviales de la existencia también volvemos automáticas las decisiones buenas y virtuosas, liberamos recursos con los cuales podemos llevar a cabo una acción relevante y significativa. Ganamos espacio para la paz y la quietud, y por tanto volvemos accesibles e *inevitables* tanto un buen trabajo como buenos pensamientos.

Para hacer posible eso, debes comenzar ahora y poner en orden tu casa. Organiza tu día. Limita tus interrupciones. Limita el número de decisiones que debes tomar.

Si puedes hacer esto, las pasiones y las molestias te causarán menos dificultades. Porque habrán sido excluidas.

Sigue como modelo e inspiración a los artistas botánicos japoneses: ordenados, callados, concentrados, limpios, frescos, parsimoniosos. Jamás los verás trabajar en un lugar ruidoso o con los ojos desorbitados por la prisa a las tres de la mañana porque no lo habían planificado bien. No los verás tomando sus tijeras de golpe, o en ropa interior mientras hablan por teléfono con un viejo amigo que acaba de llamar. Todo eso es demasiado azaroso, demasiado caótico para un maestro de verdad.

Un maestro tiene el control. Un maestro posee un sistema. Un maestro convierte lo ordinario en sagrado.

También nosotros debemos hacerlo.

LIBÉRATE DE TUS PERTENENCIAS

> Porque la propiedad es pobreza y temor; solo
> poseer algo y abandonarlo significa una propie-
> dad sin preocupaciones.
>
> RAINER MARIA RILKE

Epicteto nació esclavo, pero al final obtuvo su libertad. Con
el tiempo, terminó por disfrutar de los beneficios de la
buena vida, al menos así lo explicaron los estoicos. Los emperadores asistían a sus conferencias, educó a muchos discípulos y
se ganaba decorosamente la vida. Con el dinero que obtuvo de
su esfuerzo compró una hermosa lámpara de hierro, que mantenía encendida en un pequeño santuario en su casa.

Una noche oyó un ruido en el pasillo junto a la puerta
principal. Cuando se acercó al lugar, descubrió que un ladrón
había robado su preciada lámpara. Como cualquier persona,
con apego por sus cosas, esa situación lo sorprendió y descon-
certó. Alguien había entrado en su casa y había robado algo
que le pertenecía.

Pero entonces cayó en la cuenta. Recordó sus enseñanzas.

«Mañana mismo, amigo mío», se dijo, «buscarás una lámpara de arcilla; porque un hombre solo puede perder lo que tiene». Durante el resto de su vida, conservó esa sencilla lámpara de arcilla. Tras su muerte, un admirador, ignorante del desdén que Epicteto sentía por los objetos materiales, la adquirió por 3.000 dracmas.

Una de las metáforas más efectivas de Séneca es la del dueño de esclavos prisionero de sus propios esclavos, o el rico cuyas vastas fincas lo dominan, no al revés —en la actualidad, tenemos nuestro propio término para describir esta situación: «un pobre hogar»—. El escritor Michel de Montaigne era tan agudo que llegó a preguntarse si acaso él no era la mascota de su gato. También hallamos una versión de esto en Oriente. Xunzi explicó:

El caballero hace cosas para sus sirvientes.
El mezquino es sirviente de las cosas.

En suma, la independencia mental y espiritual importa poco si las cosas que poseemos en el mundo físico acaban por poseernos a nosotros.

Los adeptos de la corriente filosófica conocida como *cinismo* llevaron más lejos esta idea. Se dice que Diógenes vivía en un barril y caminaba casi desnudo. Cuando vio que un niño tomaba agua del pozo con sus propias manos, rompió su taza, sabedor a partir de ese momento de que había cargado con una posesión innecesaria.

Hoy podríamos llamar a Diógenes vagabundo, perdedor —o loco—, y en cierto sentido lo era. Pero, en las pocas ocasiones en que se encontró con Alejandro Magno, entonces el hombre más poderoso del mundo, era de Diógenes de quien los espectadores se mostraban impresionados. Porque, por más que lo intentara, Alejandro no podía tentarlo con ningún favor ni privarlo de nada que de lo que ya hubiera renunciado de forma voluntaria.

Lo único que separaba a los estoicos de los cínicos era una camisa, bromeó el poeta Juvenal, en referencia a que los estoicos eran lo bastante razonables como para vestirse —y abstenerse de satisfacer en público sus necesidades fisiológicas—, a diferencia de los cínicos. Se trata de una concesión muy sensata. No es preciso que prescindamos de *todas* nuestras pertenencias, pero debemos cuestionar constantemente lo que poseemos y si podríamos privarnos de ello.

¿Alguna vez has visto una casa demolida? Una vida entera de trabajo y ahorro, incontables horas de decoración y acumulación hasta arreglarla, toda una vida reducida al final a un par de contenedores repletos de escombros. Aun las casas de los muy ricos, de los jefes de Estado colmados de obsequios durante toda su existencia, solo llenarían algunos contenedores más.

¿Cuántos de nosotros coleccionamos y adquirimos objetos como si las toneladas métricas de nuestras pertenencias dijeran algo acerca de nuestro valor como individuos? Del mismo modo en el que cada acaparador termina preso de su propia basura, lo que poseemos nos ata. Cada alhaja de alto precio requiere una póliza de seguro, cada mansión necesita un equipo de cuidadores, cada inversión implica obligaciones y estados de cuenta mensuales que satisfacer, cada mascota o planta exótica conlleva una serie de responsabilidades. El escritor F. Scott

Fitzgerald dijo que los ricos son diferentes a nosotros, y sus novelas los retratan libres y despreocupados.

Eso no es del todo cierto.

Más dinero significa más problemas, y también más cosas, menos libertad.

John Boyd, una especie de monje guerrero que revolucionó la estrategia militar occidental en la segunda mitad del siglo XX, se negaba a aceptar cheques de los contratistas de la Defensa y vivía deliberadamente en un pequeño apartamento al tiempo que asesoraba a presidentes y generales. «Si un hombre puede reducir sus necesidades a cero», decía, «es libre de verdad: no pueden quitarle nada, nadie puede hacerle daño». A eso añadiríamos: «Y también puede vivir en paz».

Nadie perseguido por acreedores es libre. Vivir por encima de tus recursos —como podría atestiguarlo Churchill— no es nada glamoroso. Detrás de las apariencias, resulta *agotador*.

Además es peligroso. La persona que teme perder sus cosas, cuya identidad depende de sus pertenencias, está dando ventaja a sus enemigos. Es demasiado vulnerable a la suerte.

El dramaturgo Tennessee Williams se refirió al lujo como «el lobo a la puerta». El problema no son las pertenencias, decía, sino la dependencia. Definía esa dependencia como la catástrofe del éxito, la forma en que nos volvemos cada vez menos capaces de hacer cosas, cada vez menos capaces de valernos por nosotros mismos sin sirvientes. No solo todas tus cosas son un lío; aparte tienes que pagarle a alguien para que las recoja.

También existe lo que podríamos denominar la «caída del confort». Nos habituamos tanto a cierto nivel de comodidad y lujo que resulta casi inconcebible que nos acostumbremos a vivir sin él. Cuando la riqueza va a más, lo mismo sucede con nuestra noción de lo «normal». Hace unos años estábamos bien sin tanta abundancia. No teníamos reparo alguno en comer verduras o en acomodarnos en un pequeño apartamento. Ahora que tenemos más, nuestra mente empieza a mentirnos: *necesitas esto, no lo pierdas, protégelo, no lo compartas.*

Eso es tóxico y aterrador.

Por eso los filósofos siempre han defendido que reduzcamos nuestras necesidades y limitemos nuestras posesiones. Monjes y sacerdotes hacen votos de pobreza porque eso significará menos distracciones, y más espacio —literalmente— para la búsqueda espiritual a la que se han comprometido. Nadie pide que lleguemos tan lejos; pero, cuanto más poseemos, más controlamos, menos espacio tenemos para movernos e, irónicamente, menos tranquilos estamos.

Comienza por realizar un recorrido por tu casa y llena cajas y bolsas de basura con todo lo que no usas. Concibe esto como dejar más espacio para tu mente y tu cuerpo. Date espacio. Dale un descanso a tu mente. ¿Quieres tener menos de qué preocuparte? ¿Menos que codiciar o que te produzca ansiedades? Haz más regalos.

El mejor coche no es el que atrae más miradas, sino el que te causa menos preocupaciones. La mejor ropa es la más cómoda y aquella cuya compra te quita menos tiempo, digan lo que digan las revistas. La mejor casa para ti es la que más sientes como tu *hogar*. No uses tu dinero para comprar soledad, dolores de cabeza o prestigio.

Tu abuela no te dio ese broche para que temieras todo el tiempo perderlo. El artista que pintó el cuadro que cuelga de tu pared no trabajó tanto para que te preocupes por si una visita lo estropea. Tampoco el recuerdo del hermoso verano pasado está contenido en esa estatuilla que trajiste de recuerdo, ni el amor que compartes con tu pareja se limita a la fotografía de bodas. Lo importante es el recuerdo. Lo que cuenta es la experiencia. Puedes tener acceso a ello cada vez que quieras, ningún ladrón podrá privarte de ello.

Hay gente que dice no tener espacio para una relación en su vida… y tiene razón. Sus cosas lo ocupan todo. Está enamorada de sus pertenencias, no puede estarlo de una persona.

¿Es válido que los miembros de una familia nunca se vean porque trabajan hasta tarde para pagar esas habitaciones extra que nunca usan? ¿De qué le vale la fama a alguien que está fuera de casa hasta el extremo de resultar un extraño para sus hijos? ¿Sirve de algo la supuesta «tecnología» que tanto trabajo cuesta entender y que siempre se estropea? ¿Son importantes las frágiles pertenencias lujosas que se limpian, protegen y resguardan y se mencionan temerosamente en una conversación?

Esa no es una vida plena. No hay paz en ella. Actúa. Ve más allá de tus pertenencias. Deshazte de ellas. Regala lo que no necesitas.

Naciste libre: de cosas y cargas. Pero, desde la primera vez que tu diminuto cuerpo fue medido para hacerte una prenda, la gente te ha ido añadiendo objetos. Y tú has agregado eslabones a esas cadenas.

BUSCA LA SOLEDAD

En un mundo superpoblado, se cree que la soledad es sinónimo de tristeza y que buscarla es una perversión.

JOHN GRAVES

Leonardo da Vinci tenía la costumbre de escribir en sus cuadernos pequeñas fábulas para sí mismo. Una de ellas narra la historia de una piedra grande que descansaba en un valle placentero rodeada de flores y por encima de un transitado camino rural. Pese a esa pacífica existencia, la piedra se sentía insatisfecha. «¿Qué hago entre estos hierbajos?», se preguntó. «Quiero vivir en compañía de otras piedras».

Sola e infeliz se las ideó para rodar colina abajo hasta el camino, donde estaría rodeada por muchas otras rocas. Pero el cambio no fue tan esplendoroso como esperaba. En el camino de tierra la pisoteaban los caballos y las personas, y los carros la arrastraban por el suelo. Se cubría de lodo y heces, y recibía golpes mientras la sacudían de un lado a otro; esos dolorosos momentos se volvían más penosos cuando recordaba su antiguo hogar y la paz solitaria que había dejado atrás.

Leonardo, no contento con dejar ahí su historia, sintió la necesidad de ponerle un punto final. «Esto es lo que les ocurre», escribió, «a quienes abandonan una vida solitaria y contemplativa y eligen vivir en ciudades, entre personas llenas de males incalculables».

Claro que los biógrafos de Leonardo se apresuraron a señalar que el genio no siempre siguió la lección de esta fábula. Pasó la mayor parte de su vida en Florencia, Milán y Roma. Pintaba en un concurrido estudio y asistía a numerosas fiestas y espectáculos. Ni siquiera sus últimos años transcurrieron en un retiro apartado, sino en la bulliciosa corte del rey Francisco I de Francia.

Su ocupación lo requería, tal como nos ocurre a muchos de nosotros.

Por eso es importante cultivar momentos de soledad. Para buscar soledad, dijo Eugen Herrigel, los budistas «no recurren a lugares callados y distantes; la crean en ellos mismos, la extienden a su alrededor dondequiera que se encuentren, porque la aman».

Cuando Leonardo trabajaba en *La última cena*, se levantaba temprano y llegaba al monasterio antes que sus asistentes o espectadores; para estar solo, en silencio, con sus pensamientos y el inmenso reto creativo que afrontaba. También se distinguía por abandonar su estudio y dar largos paseos en solitario, en los que llevaba consigo un cuaderno y durante los que simplemente miraba y observaba de verdad lo que sucedía a su alrededor. Le encantaba visitar la granja de su tío en busca de inspiración y soledad.

Es difícil pensar con claridad en salas repletas de personas. Es difícil que te conozcas a ti mismo si nunca estás solo. Es complicado que avances mucho en el camino del esclarecimiento y la lucidez si tu vida es una fiesta constante y tu casa es una obra en permanente construcción.

A veces, tienes que desconectarte para conectar mejor contigo mismo y con las personas a las que sirves y amas.

«Si tuviera que resumir el principal problema del alto liderazgo en la era de información», dijo el general del cuerpo de marines y exsecretario de Defensa James Mattis, «es la falta de reflexión. La soledad te permite pensar mientras otros reaccionan. Necesitamos soledad para reconcentrarnos en la toma de decisiones, más que solo reaccionar a los problemas conforme aparecen».

La gente no tiene suficiente silencio en su vida porque no tiene suficiente soledad. Y no tiene suficiente soledad porque no busca ni cultiva el silencio. Este círculo vicioso impide la quietud y la reflexión, y ahoga las buenas ideas, que casi siempre surgen en soledad.

Grandes descubrimientos ocurren con pasmosa regularidad en la ducha o durante una larga caminata. ¿Dónde no suceden? En un bar en el que tienes que hablar a gritos y sentado frente al televisor durante horas. Nadie se da cuenta de cuánto ama a alguien si organiza reuniones una tras otra.

Si la soledad es la escuela del genio, como dijo el historiador Edward Gibbon, «el mundo sobrepoblado y agitado es el purgatorio del idiota».

¿Quién no se siente más sereno por la mañana, o cuando se levanta antes de que se despierten los demás, antes de que suene el teléfono o suba al transporte rumbo al trabajo? ¿Quién no tiene más posibilidades para captar el significado del momento si está callado, si su espacio personal es respetado? En la soledad, el tiempo se ralentiza y, aunque al principio esa lentitud nos resulte insoportable, en realidad enloqueceremos si no ponemos freno al ajetreo de la vida y el trabajo.

La soledad no está reservada únicamente a los ermitaños, también es necesaria para los cuerdos y productivos. Con todo, podemos aprender una o dos cosas sobre la soledad de quienes la asumieron por devoción.

En 1941, Thomas Merton tenía veintiséis años y se presentó en la abadía de Gethsemani en Bardstown, Kentucky. Inició así el primero de sus muchos retiros a la soledad, y que continuaría realizando durante los veintisiete años siguientes. Su soledad no consistía, ni mucho menos, en un reposo indolente. Era una activa exploración de sí mismo, la religión, la naturaleza humana y, más tarde, la resolución de graves problemas sociales, como la desigualdad, la guerra y la injusticia. En sus hermosos diarios hallamos revelaciones acerca de la experiencia humana que habrían sido imposibles de alcanzar si Merton hubiera pasado su tiempo en la sala de redacción de un periódico, o incluso en un campus universitario.

Al final, dijo que la soledad era su *vocación*. Escribió:

Orar y trabajar en la mañana, laborar y descansar en la tarde, sentarse a meditar cuando la noche cae sobre el campo y el silencio se llena de oscuridad y de estrellas. Esta es una vocación verdadera y especial. Hay pocos que estén dispuestos a abandonarse por completo a un silencio así, a permitir que cale sus huesos, a respirar nada más que silencio, a alimentarse de silencio y a convertir la sustancia misma de su vida en un silencio vivo y vigilante.

Una modalidad más accesible que el retiro de Merton es la que ha adoptado el filántropo y fundador de Microsoft, Bill Gates, quien dos veces al año —desde hace ya bastante tiempo— se toma lo que él llama «una semana para pensar». Pasa en soledad siete días en una cabaña en el bosque. Libre de las interrupciones diarias de su trabajo, allí puede de verdad sentarse a pensar.

Allí está solo, pero no ocioso. Gates lee en silencio durante varias horas *cientos* de documentos, algunos de ellos impresos y otros en el ordenador. También lee libros en una biblioteca decorada con un retrato del escritor Victor Hugo. Escribe largos memorandos a personas de toda su empresa. Las únicas pausas que se permite son unos cuantos minutos para jugar al *bridge* o para salir a dar un paseo. En esos días solitarios en aquella cabaña, Gates es la viva imagen de esta frase de Tomás de Kempis: *In omnibus requiem quaesivi, et nusquam inveni nisi in angulo cum libro*, «Por doquiera busqué la paz, sin hallarla más que en un rincón y con un libro».

No confundas esto con unas vacaciones. Es trabajo intenso: largas jornadas, algunas sin dormir. Es una batalla con temas complejos, ideas contradictorias y conceptos que son un reto.

A pesar de esa lucha, Gates emerge de la experiencia recargado y reconcentrado. Observa con mayor profundidad, sabe qué desea priorizar, qué trabajo asignar a su gente. Regresa con la callada quietud de los bosques al complicado mundo que debe sortear como hombre de negocios y líder filantrópico.

Todos debemos darnos la posibilidad de realizar un trabajo tan profundo como ese. Debemos darle a nuestro cuerpo, como dijo la escritora Virginia Woolf, una habitación propia, aunque solo sea durante unas cuantas horas robadas en las que podamos pensar y disfrutar de la quietud y la soledad. Buda necesitaba recluirse en su búsqueda de la iluminación. Tenía que alejarse del mundo, estar solo y sentarse.

¿No crees que eso también te beneficiaría a ti?

Es difícil darse ese tiempo. Es difícil —y costoso— apartarse. Tenemos responsabilidades que cumplir. Pero nuestra desaparición temporal será provechosa. Retornaremos con la quietud que la soledad nos dio, en forma de paciencia, comprensión, gratitud y lucidez.

En la fábula de Leonardo, la piedra abandonó la apacible soledad del prado por el camino y, al final, lo lamentó. Merton lamentó en ocasiones su absoluta soledad. ¿Habría podido hacer más como hombre de mundo? ¿Habría podido tener más impacto si hubiera abandonado su soledad?

De hecho, muy pocos de nosotros estamos dispuestos o somos capaces de hacerlo toda la vida, ni deberíamos —la bailarina Twyla Tharp señala que «la soledad *sin* propósito» mata la creatividad—. Incluso Merton recibió privilegios especiales del superior de su orden para comunicarse con el mundo exterior mediante cartas y escritos, y al final viajó y habló ante grandes multitudes. Su trabajo y sus reflexiones eran demasiado importantes para que permaneciera encerrado en una casita de ladrillos a orillas de un bosque en Kentucky.

Al final Merton conmprendió que, después de tanto tiempo solo en el bosque, llevaba la soledad en su interior y podía acudir a ella cuando quisiera. El sabio y el ocupado también aprenden que la soledad y la quietud existen en ciertos espacios, si somos capaces de encontrarlos. Son unos breves minutos antes de salir al escenario a dar una charla, o esos en los que permaneces sentado en la habitación de tu hotel antes de presentarte a una reunión. Por la mañana, antes de que el resto de la familia despierte o muy tarde por la noche, después de que todo el mundo se haya acostado.

Apodérate de esos momentos, prográmalos, cultívalos.

SÉ UN *SER* HUMANO

El trabajo es la causa por la que mueren los caballos. Todos deberían saberlo.

ALEKSANDR SOLZHENITSYN

En comparación con la mayoría de las parejas de la realeza,
la que formaban la reina Victoria y el príncipe consorte
Alberto de Sajonia fue excepcional. Se amaban y tomaban en
serio sus responsabilidades como jefes de Estado. Todo ello
está muy bien.

Pero también se puede afirmar que todo rasgo positivo
—incluso el trabajo intenso— se convierte en vicio si se lleva
al extremo.

En su caso, dada la naturaleza de su profesión, la idea del
«equilibro entre el trabajo y la vida» era imposible, la virtud de
su autodisciplina y su dedicación se volvió un vicio fatal.

Alberto era un príncipe bávaro que ingresó por vía ma-
trimonial a la familia real británica y que trabajó con ahínco
desde el día en que se casó con Victoria. Llevó a la vida de la

reina un orden y una rutina indispensables. Simplificó procedimientos y asumió parte de la carga que previamente había recaído solo en ella. De hecho, él fue el instigador de muchos de los llamados «rasgos victorianos» de la época. Era disciplinado, obsesivo, ambicioso y conservador.

A instancias suyas, el horario de ambos se convirtió en una agenda repleta de reuniones, tareas de despacho y eventos sociales. Alberto estaba constantemente ocupado y trabajaba tanto que en ocasiones vomitaba a causa del estrés. Reacio a rehuir las responsabilidades o las oportunidades, asumió la carga del poder que su esposa estuvo dispuesta a ceder al tiempo que ambos ejercían toda la influencia formal e informal que la monarquía tenía en el Imperio británico. Eran un par de adictos al trabajo, y se enorgullecían de ello.

Como escribió Alberto a uno de sus consejeros, dedicaba varias horas diarias a leer periódicos en alemán, francés e inglés. «Uno no puede dejar pasar las cosas por alto» le dijo, «si no quiere perder el contacto con la realidad y, en consecuencia, llegar a conclusiones erróneas». Tenía razón, sin duda era mucho lo que estaba en juego. Por ejemplo, su avanzada comprensión de la geopolítica permitió que Gran Bretaña no participara en la Guerra Civil estadounidense.

Pero la verdad es que Alberto se arrojaba con igual ímpetu a proyectos de menor envergadura. La organización de la Gran Exposición de 1851, un carnaval de casi seis meses de duración que haría alarde de las maravillas del Imperio británico, consumió varios años de su vida. Días antes de la inauguración le escribió a su madrastra: «Estoy más muerto que vivo de tanto que he trabajado». Aquel fue, sin duda, un hermoso y memorable evento, pero Alberto jamás recuperó la salud.

Era como Winston Churchill, pero ni su esposa ni él conocían la moderación, y se divertían poco. «Sigo trabajando en mis proyectos como si mi vida dependiera de ello», decía. No es una mala descripción de la agotadora y repetitiva existencia que él y Victoria llevaban. Desde 1840, esta dio a luz nueve hijos en diecisiete años, cuatro de ellos nacieron en años consecutivos. En aquella época aún era común que las mujeres murieran en el parto —la anestesia y el cloroformo eran de uso común solo después de su octavo embarazo—, y Victoria, de apenas metro y medio de estatura, se quedaba embarazada constantemente. Aunque contaba con los beneficios de la ilimitada asistencia doméstica, asumía una enorme carga física, además de sus deberes como reina. A su muerte se descubrió que padecía de prolapso uterino y una hernia que seguramente le había causado un increíble y constante dolor.

No tiene nada de malo formar una familia numerosa —el trono requería herederos—, pero nunca se plantearon que ellos tenían la última palabra. «El hombre es una bestia de carga», le escribió Alberto a su hermano, «y solo es feliz arrastrando su peso y actuando con la voluntad limitada. Mi experiencia me enseña todos los días a comprender cada vez más la verdad de esto». Por ello, su existencia y la de Victoria fueron escasamente privilegiadas, relajadas o libres. En cambio, vivieron en un interminable ciclo de obligaciones bajo el yugo de un ritmo que ellos se imponían.

El que su matrimonio haya sobrevivido es un testimonio del afecto mutuo que se tenían. Victoria era consciente de los perniciosos efectos que todo ese trabajo producía en Alberto. Escribió sobre las consecuencias del «excesivo amor a los negocios» de su esposo y notó que su salud disminuía. Su acelerada mente no lo dejaba dormir, a causa de los retortijones y la sequedad de la piel.

En lugar de hacer caso a esas señales de advertencia, Alberto afianzó sus hábitos, y trabajaba cada vez más duro, con lo que obligaba a su cuerpo a doblegarse. En 1861 lo comprendió de súbito. Su fuerza declinó. Perdió la consciencia a las 10:50 de la noche del 14 de diciembre: ese fue su último suspiro. ¿El motivo? Mal de Crohn, exacerbado por un estrés extremo. Literalmente, había reventado de tanto trabajar.

La medicina moderna apenas ha logrado salvarnos de esas tragedias. En Japón tienen un término, *karōshi*, que significa muerte por exceso de trabajo. En coreano es *gwarosa*.

¿Es eso lo que quieres ser? ¿Ser una bestia de carga que arrastra su peso hasta que se colapsa y muere? ¿Has venido a este mundo para eso?

Recuerda que la principal causa de lesiones de los atletas de élite no son caídas, tropiezos o colisiones, sino el exceso de ejercicio. Los lanzadores y mariscales de campo se desgastan los brazos. Los jugadores de baloncesto atrofian sus rodillas. Otros se cansan del ajetreo y la presión de horas enteras de entrenamiento. Michael Phelps terminó de forma prematura su carrera en la natación por culpa de la fatiga; pese a todas sus medallas de oro, nunca más quiso volver a meterse en una piscina. Es difícil culparlo; lo dio todo, incluso su cordura y su salud, con tal de romper récords con diferencias de segundos.

Por otra parte, Eliud Kipchoge, quizás el mayor corredor de largas distancias que jamás haya existido, está siempre atento a no *excederse*. Cuando entrena, intenta gestionar sus máximos esfuerzos, que reserva para las pocas ocasiones al año en las que compite. Prefiere entrenar a un 80 por ciento de su capacidad —a veces a un 90 por ciento— a fin de mantenerse en buen estado y preservar su longevidad —y su sensatez— como atleta. Phelps volvió a nadar después de su colapso en 2012 porque estuvo dispuesto a reformular su enfoque del entrenamiento y a abordarlo de una forma más equilibrada.

Los atletas suelen verse forzados por la edad a hacer una pausa, mientras que los jóvenes deportistas se extenúan innecesariamente porque creen tener un pozo inagotable de energía. Sí, poner todo tu empeño en lo que haces es muy noble y tiene sentido, pero la vida se parece más a una maratón que a un *sprint*. En cierto sentido, esa es la diferencia entre seguridad en uno mismo y ego. ¿Puedes confiar lo suficiente en ti y tus habilidades para dejar algo como reserva? ¿Puedes proteger tu quietud y tu paz interior para ganar la larga carrera de la vida?

Que los nazis colgaran en las puertas de Auschwitz estas palabras, *Arbeit macht frei* (El trabajo os hará libres) fue una mentira maliciosa.*

---

* Irónicamente, el descenso de Hitler al delirio hacia finales de la Segunda Guerra Mundial fue producto del exceso de trabajo.

No. No. No.

El proverbio ruso lo dice mejor: «El trabajo solo te doblega».

El hombre *no* es un animal de carga. Sí, tenemos importantes deberes que cumplir: con nuestro país y nuestros compañeros de trabajo, y con nuestra familia. Muchos poseemos dones y talentos tan extraordinarios que debemos —a nosotros mismos y al mundo— expresar y realizar. Pero será imposible lograrlo si no nos cuidamos o si nos forzamos al límite.

La moraleja de la leyenda estadounidense sobre el obrero ferroviario John Henry suele pasarse por alto. En esta, el operario reta a la máquina de vapor, a la que vence con una fuerza y una voluntad sobrehumanas. Es grandioso, es inspirador. ¡Si no fuera porque al final muere de agotamiento! «En la vida real», observó George Orwell, «siempre es el yunque el que vence al martillo».

Trabajar no te hará libre. Te matará, si no te cuidas.

Los hijos del príncipe Alberto habrían preferido una Gran Exposición menos espectacular con tal de disfrutar un poco más de la compañía de su padre. Lo mismo podría decirse de la reina Victoria y el pueblo británico.

El correo que crees tener que responder desesperadamente puede esperar. No hay ninguna necesidad para terminar rápidamente el proyecto que llevas entre manos, e incluso puedes tomarte un descanso entre este y el siguiente. La única persona que te obliga a quedarte en la oficina trabajando eres tú. Está bien que digas no. Está bien que no respondas a una llamada telefónica o que no realices un viaje en el último minuto.

Las buenas decisiones no las toman quienes se mueven sin pararse a pensar. ¿Qué tipo de vida interior puedes tener, qué tipo de pensamientos puedes generar cuando estás total y absolutamente absorbido por el trabajo? Es un círculo vicioso: tenemos que trabajar más para reparar los errores que cometimos cuando habría sido mejor que descansáramos, que dijéramos conscientemente que no, en lugar de decir por acto reflejo que sí. Al final dejamos de lado a buenas personas —y perdemos relaciones— por estar tan ocupados y tener tan poca paciencia.

¿Quieres ser el artista que ya no disfruta durante el proceso, que ha minado su espíritu de tal forma que no le queda nada donde apoyarse? Quemarse o apagarse lentamente: esta fue la pregunta en la nota suicida de Kurt Cobain. ¿Cómo es posible que este sea un dilema?

Por alguna razón somos un *ser* humano, no un *hacer* humano.

Modérate, estate presente y conoce tus límites.

Esa es la clave. El cuerpo que cada uno de nosotros posee es un regalo. No lo mates trabajando. No lo agotes.

Protege ese don.

DUERME

Hay un tiempo para muchas palabras, y también
hay un tiempo para dormir.

HOMERO, *ODISEA*

American Apparel era una compañía multimillonaria que
quebró por muchas razones. Pidió prestado demasiado
dinero, tenía una cultura tóxica del trabajo, terminó asediada
por demandas legales y abrió demasiadas tiendas. Esto fue lo
que se comentó durante la desintegración pública de aquella
compañía, en 2014.

Pero una de las causas de su fracaso —una de las principales razones por las que más de diez mil personas perdieron su
trabajo y por las que sencillamente desapareció una compañía
con ventas anuales de 700 millones de dólares— fue ignorada
por la mayoría de los observadores externos.*

---

* Es algo que yo sé de primera mano.

Cuando Dov Charney fundó American Apparel, tenía la idea de que sería un jefe totalmente accesible. Cuando la compañía dejó de ser una empresa modesta para convertirse en una multinacional y uno de los fabricantes de ropa más grandes del mundo, él se aferró a eso. De hecho, su ego crecía con la idea de que era el propio centro de cada parte de la empresa.

Aquella fue una auténtica política de puertas abiertas. Y no solo de puertas abiertas; también de teléfono y correo electrónico. Cualquier empleado de cualquier escalafón de la empresa, desde la costurera de mangas hasta el asociado de ventas y el fotógrafo, podía ponerse en contacto con él cada vez que tenía un problema. Durante una de las numerosas crisis de relaciones públicas de la compañía, Charney publicó su número telefónico en internet, para también estar a la disposición de cualquier periodista o cliente que tuviera un problema.

Al principio, esa política tuvo varias ventajas. Charney estaba en permanente sintonía con lo que sucedía en la empresa, lo que impidió que la burocracia echara raíces y asfixiara a la gente. Pero, cuando la compañía creció, esas ventajas decrecieron, y los costes empezaron a dejar huella.

Imagina lo que sucedió cuando la compañía tuvo de pronto 250 tiendas en 20 países. En 2012, Charney dormía apenas unas cuantas horas cada noche. En 2014 ya no dormía nada. ¿Cómo podía hacerlo? Siempre había alguien con un problema, o alguien *en alguna parte de alguna franja horaria* que se tomaba en serio la política de puertas abiertas. La realidad humana del envejecimiento tampoco ayudó.

En esa extrema y acumulada privación de sueño estuvo la raíz de gran parte del catastrófico fracaso de dicha compañía. ¿Podría haber sido de otra manera? Las investigaciones demuestran que, cuando nos aproximamos a veinte horas sin sueño, somos tan cognitivamente incapaces como una persona ebria. El cerebro responde con lentitud y el juicio se atrofia de modo significativo.

En 2014, durante una difícil transición entre centros de distribución, Charney se mudó al almacén, en una pequeña oficina en la cual instaló una ducha y una cama. Para él y algunos de sus incondicionales, eso fue una prueba de su heroica dedicación a la compañía. En realidad, su mal juicio frustró la transición desde el principio, la constante presencia y microgestión *in situ* de Charney —más errática cuanto menos dormía— solo complicó las cosas.

Charney se hundió en la locura frente a sus empleados. Dejó de afeitarse, tenía los ojos rojos, estaba a merced de su mal humor, que pronto excedió los límites básicos del decoro. Emitía órdenes contradictorias con las que había dado minutos antes, y parecía condenado a la destrucción... Pero era el jefe. ¿Qué podía hacer la gente?

Al final, recurrieron a su *madre* para se lo llevara a casa y le obligara a cuidarse, antes de que fuera demasiado tarde. Sin embargo, ya era demasiado tarde. Cuando volvió a su oficina, llamaba a los empleados a altas horas de la noche para convencerlos de que trabajaran más hasta que se quedaba dormido. La fatiga era la única forma en que podía conciliar el sueño.

Unos meses después del episodio del almacén, Dov Charney estaba al borde de perder el control de la compañía.

Las condiciones de financiamiento lo habían vuelto vulnerable a una adquisición, aunque las aceptó sin pensar en las implicaciones. Sentado frente a su selecto consejo de administración, mezclaba los paquetitos de Nescafé en polvo con agua fría, uno tras otro, para que la cafeína lo mantuviera despierto. Cuando salió de esa reunión, se había quedado sin trabajo.

En pocos meses, las acciones de la compañía perdieron todo su valor. Inversores y acreedores descubrieron que quedaba poco por recuperar cuando revisaron los restos del naufragio. En la actualidad, Charney debe 20 millones de dólares a un fondo de inversión, y ni siquiera puede permitirse un abogado.

Esta fue una ruptura épica en líneas relativamente comunes. La persona desgastada por el trabajo genera una crisis que intenta resolver trabajando más. Una mente exhausta, delirante, no hace más que acumular errores. Cuanto más se empeña, peor se vuelve la situación, y más le disgusta que nadie aprecie su sacrificio.

La gente dice: «Descansaré cuando me muera», y entretanto apresura su muerte, tanto en sentido literal como figurado. Cambia su salud por unas horas más de trabajo. Cambia la viabilidad a largo plazo de su empresa o su carrera por la urgencia para resolver una crisis temporal.

Si entendemos el sueño como un lujo, es lo primero de lo que prescindiremos cuando estemos ocupados. Si dormimos solo cuando todo está terminado, el trabajo y los demás vulnerarán en todo momento nuestro espacio personal. Nos sentiremos destrozados y utilizados, como una máquina que la gente no cuida, porque supone que funcionará siempre.

El filósofo y escritor Arthur Schopenhauer solía decir que «el sueño es la fuente de toda salud y energía». Lo calificó como algo mejor todavía en otra ocasión: «El sueño es el interés que tenemos que pagar sobre el capital en la muerte; y cuanto mayor sea la tasa de interés y más regularmente se pague, más se pospone la fecha de redención».

Arianna Huffington despertó hace unos años en el suelo del baño, cubierta de sangre y con la cabeza adolorida. Se había desmayado de fatiga y se fracturó el pómulo. Su hermana, que en aquel momento estaba en su apartamento, recuerda haber escuchado un ruido estremecedor cuando el cuerpo de Arianna impactó contra los azulejos del baño. Para ambas, eso fue una literal llamada de atención. Eso no era vivir. No había ningún glamur en trabajar hasta quedarse en los huesos, en cambiar horas de sueño por una videoconferencia extra, por unos minutos en la televisión o por una reunión con una persona importante.

Eso no es éxito, es tortura. Y ningún ser humano puede soportarlo mucho tiempo. De hecho, tu mente y tu espíritu son incapaces de hallar paz cuando tu cuerpo lucha por sobrevivir, cuando recurre a sus reservas para responder a su funcionamiento básico. ¿Felicidad? ¿Quietud? ¿Disfrutar de la soledad o la belleza a tu alrededor? Eso está fuera de toda cuestión para quien se siente molido de tanto trabajar.

El ingeniero que toma seis Red Bulls para poder reaccionar no tiene posibilidad alguna de quietud. Tampoco el graduado reciente —o no tanto— que todavía va a fiestas como cuando estaba en la universidad. Ni el escritor que lo ha planeado mal e intenta terminar su libro en un *sprint* de tres días sin dormir. Un estudio de 2017 determinó que la falta de sueño incrementa el pensamiento repetitivo negativo. Abusar del cuerpo hace que la mente abuse de sí misma.

El sueño es el lado contrario de nuestro trabajo; es la recarga de las baterías internas, cuyas reservas de energía requerimos para hacer nuestro trabajo. Es una práctica de meditación, es quietud, es el tiempo durante el cual nos *apagamos*. Está integrado a nuestra biología por una razón.

Disponemos de una cantidad limitada de energía para nuestro trabajo, para nuestras relaciones y para nosotros mismos. Una persona inteligente comprende esto, y lo protege con esmero. Los grandes cuidan su descanso porque es la fuente para un mejor estado de ánimo. Dicen que no a ciertas cosas. Retroceden cuando llegan al límite. No permiten que la fatiga de la privación de sueño socave su juicio. Saben que hay quienes funcionan sin dormir, pero están tan conscientes de sí mismos que saben que *todos* funcionamos mejor cuando descansamos bien.

Anders Ericsson, quien participó en el estudio de las diez mil horas, descubrió que los maestros violinistas duermen de media unas ocho horas y media cada noche y que hacen la siesta casi todos los días. Un amigo de Churchill comentó sobre este: «En Cuba descubrió algo que resultó ser más importante para su futuro que cualquier ventaja en experiencia militar: el vivificante poder de la siesta». De acuerdo con Ericsson, los maestros violinistas hacen la siesta *más a menudo* que sus colegas de menor jerarquía.

¿Qué hizo el maestro zen Hakuin para preparar su conferencia *The Records of Old Sokko*? Durmió. Durmió tanto y tan profundamente que uno de sus alumnos dijo que «sus ronquidos retumbaban como truenos por toda la casa». Mantuvo esa práctica durante más de un mes: solo se despertaba para recibir al visitante ocasional. Cada minuto adicional lo pasaba bocabajo, perdido en un sueño dichoso y restaurador.

Sin conocer entonces el poder del sueño, sus asistentes se preocuparon. El día de la conferencia estaba al caer. ¿El maestro se la tomaría en serio o seguiría perdiendo las horas durmiendo? Le rogaban que se pusiera a trabajar mientras hubiera tiempo; él simplemente se daba la vuelta para dormir un rato más. Al final, cuando la fecha límite se avecinaba ya de manera amenazadora, Hakuin se levantó muy tranquilo, tomó asiento, llamó a sus asistentes y se puso a dictarles su conferencia con absoluta claridad.

Dijo todo lo que tenía que decir. Fue brillante.

Fue el producto de una mente descansada que cuidaba de su cuerpo, de un espíritu sano que podía dormir profundamente. Y así ha sido a través de los tiempos.

Si deseas paz, solo hay una forma de conseguirla. Si deseas alcanzar tu máximo potencial, solo hay una forma de conseguirlo.

Duerme.

ENCUENTRA UNA AFICIÓN

La pregunta principal es con qué actividad se
ocupa el tiempo libre.

ARISTÓTELES

William Gladstone, el cuatro veces primer ministro de
Inglaterra, en la generación previa a la de Winston
Churchill, tenía una afición inusual: le agradaba salir al bosque
cerca de su casa para talar árboles.

En enero de 1876 se pasó dos días enteros talando un
olmo que tenía una circunferencia de cinco metros. Sabemos
por su diario que fue al bosque con un hacha en más de *mil*
ocasiones, a menudo con su familia para pasar un día de ex-
cursión. Se decía que descubrió que esa actividad lo abstraía
de tal manera que solo tenía tiempo para pensar dónde asesta-
ría el siguiente golpe con su hacha.

Muchos detractores, uno de los cuales resultó ser el padre de Churchill, criticaban ese pasatiempo por destructivo.

No lo era. Gladstone plantó muchos árboles en su vida, podó cientos más y era un protector activo del estado de los bosques cercanos a su hogar, creyendo que retirar árboles muertos o deteriorados era un servicio menor pero importante. En respuesta a algunos críticos que cuestionaron que hubiera derribado un roble en particular, explicó que eliminar los miembros podridos del bosque permitía que los sanos recibieran más luz y aire, igual que en la política —broma que se le celebró de inmediato—. Sus hijas vendían astillas de los árboles que su padre había talado para recaudar fondos para obras de beneficencia.

Sobre todo, la actividad forestal de Gladstone servía para que una mente a menudo extenuada por la política y las tensiones de la vida pudiera descansar. Durante sus tres últimos periodos como primer ministro, de 1880 a principios de la década de 1890, él realizó en el bosque labores de tala o inspección en más de trescientas ocasiones. No era el hacha la única herramienta que utilizaba para relajarse o estar presente. Se decía que también le gustaba hacer largas excursiones y escalar montañas hasta una edad avanzada; y lo único que aparece en su diario más que el amor a los árboles es la lectura —coleccionó y leyó *veinticinco mil* libros durante su vida—. Esas actividades eran un alivio para las presiones de la política, un reto cuyo esfuerzo siempre era premiado y con el que sus adversarios no podían interferir.

Sin esas válvulas de escape, ¿habría sido un buen líder? Sin las lecciones que aprendió en esos bosques —persistencia, paciencia, hacer el mejor esfuerzo, la importancia del impulso y la seriedad—, ¿podría haber librado una larga lucha por las causas en las que creía?

No.

Cuando oímos la palabra *ocio*, pensamos en la holgazanería y la inactividad. De hecho, esta es una distorsión de una noción sagrada. En griego, *ocio* deriva de *scholé*; es decir, *escuela*. El ocio significó históricamente la indispensable liberación del trabajo necesario para sobrevivir, *para* poder destinar tiempo a actividades intelectuales o creativas. Representaba aprendizaje, estudio y búsqueda de cosas elevadas.

Conforme la sociedad avanzaba y los puestos de trabajo se iban volviendo cada vez menos físicos, aunque más agotadores en términos mentales y espirituales, se hizo habitual que el ocio incluyera diversas actividades, desde la lectura hasta la carpintería. Jesús, por ejemplo, descansaba en el agua, pescando con sus discípulos. Séneca escribió de lo mucho que agradaba a Sócrates jugar con niños, a Catón relajarse con el vino, a Escipión disfrutar de la música. Sabemos esto porque el propio Séneca se abstraía de la política escribiendo cartas filosóficas a sus amigos. John Cage eligió como afición la recolección de hongos; se dio cuenta de que merodear en el bosque le abría la mente y potenciaba que sus ideas «revolotearan por la cabeza como aves». Fred Rogers nadaba. A Santa Teresa de Jesús le gustaba bailar, lo mismo que a Mae Carol Jemison, la primera mujer afroamericana en viajar al espacio. Simón Bolívar también encontró en el baile una herramienta útil para compensar los asuntos de Estado con las cargas de la revolución. Al escritor David Sedaris le gusta recorrer las rústicas calles de su barrio en la campiña inglesa y recoger basura, con frecuencia durante varias horas seguidas. John Graves se entretenía ampliando su rancho en el Texas Hill Country: reparaba cercas, criaba ganado y cultivaba la tierra. A Herbert Hoover le gustaba tanto pescar que escribió un libro sobre el tema, titulado *Fishing for Fun: And to Wash Your Soul.*

El experto en artes marciales (espadas) Miyamoto Musashi, cuyo oficio era agresivo y violentamente físico, se dedicó a la pintura a una edad avanzada y observó que cada una de esas formas de arte enriquecía a la otra. De hecho, los arreglos florales, la caligrafía y la poesía han sido populares desde hace mucho tiempo entre los generales y guerreros japoneses, una maravillosa unión de opuestos: fuerza y gentileza, quietud y agresividad. El maestro zen Hakuin destacó en la pintura y la caligrafía, y produjo miles de obras. El campeón de la NBA Chris Bosh aprendió a programar. Einstein tenía su violín, Pitágoras, su lira. William Osler, fundador de la Johns Hopkins University, les dijo a sus estudiantes de Medicina que, cuando la química o la anatomía agobiaran su alma, buscaran «paz en Shakespeare, fuente de enorme consuelo».

Lee, boxea o colecciona estampillas, lo que sea. Relájate y quédate en paz.

En su ensayo sobre el ocio, Josef Pieper escribió que «la capacidad de estar *ocioso* es una de las facultades básicas del alma humana». Eso es lo interesante del asunto: que un estado físico —una acción *física*— recupere y fortalezca tu alma. El ocio no es la ausencia de actividad, *es* una actividad. Lo ausente es una justificación externa; no puedes dedicarte al ocio a cambio de una remuneración, ni para impresionar a la gente.

Tienes que hacerlo *por ti*.

La buena noticia es que cualquier cosa puede ser una afición: talar árboles, aprender un idioma, ir de acampada, reparar automóviles antiguos, escribir poesía, tejer, participar en maratones, montar a caballo o caminar por la playa con un detector de metales. Puede ser, como lo fue para Churchill, pintar o levantar paredes de ladrillo.

Pieper señaló que tener una afición es como rezar antes de acostarse: podría ayudarte a dormir o a mejorar en tu trabajo, pero el objetivo no es ese.

A muchas personas les reconforta el ejercicio intenso. Esto puede fortalecerlas para su trabajo, pero ese no es el motivo para hacerlo. Poner el cuerpo en movimiento y dedicar nuestro esfuerzo mental a vencer nuestras limitaciones físicas es como si meditáramos. Nadar larga y repetidamente, el reto de levantar pesas, quedarse sin aliento después de un *sprint*: hay en ello una experiencia de depuración, aunque vaya acompañada de una sensación de dolor. Justo antes de que empecemos a sudar, es maravilloso sentir cómo sale el estrés desde lo profundo del alma y la mente.

«Si un acto fatiga tu cuerpo pero alivia tu corazón», dijo Xunzi, «practícalo». Hay una razón de que en Occidente los filósofos practicaran la lucha y el boxeo, mientras que en Oriente se entrenaran en artes marciales. No son actividades fáciles; si no estás atento cuando las realizas, saldrás derrotado.

La cuestión no es pasar el rato o distraer la mente, sino efectuar una búsqueda que nos desafíe y relaje al mismo tiempo. Los discípulos de Confucio observaron que en sus momentos de ocio él estaba «serio pero muy tranquilo» —también decían que era hábil para las tareas «altruistas»—. Esa es la idea. Es una oportunidad de practicar y encarnar la quietud en otro contexto.

Ovidio señaló que es en nuestras aficiones donde «revelamos el tipo de personas que somos».

Armar un rompecabezas, practicar una lección de guitarra, sentarse una mañana tranquila en un puesto de observación, preparar un rifle o un arco a la espera de un venado, servir de comer en un hogar para indigentes. El cuerpo se ocupa y la mente se abre, el corazón también.

Claro que el ocio puede convertirse fácilmente en una vía de escape, pero cuando eso sucede deja de ser ocio. Cuando hacemos de algo relajante una compulsión, ya no es ocio, porque no lo *elegimos*.

No hay quietud en eso.

Aunque practicar una afición no puede convertirse en un trabajo, sí que debemos *trabajar* para disponer del tiempo en el que poder practicarla. «Me es más difícil», escribió Nixon en sus memorias, «apartarme del trabajo que dedicarme a él». Cuando trabajamos, estamos ocupados, somos necesarios, tenemos poder, se nos reconoce, tenemos conflictos, exigencias y un alud interminable de distracciones. Nixon aseguró que la lucha constante era «absolutamente necesaria para un desempeño superior». Pero ¿su desempeño fue de verdad superior o fue exactamente ese el problema?

En el ocio, estamos con nosotros mismos. Estamos presentes. Somos nosotros, la caña de pescar y el ruido del sedal que entra al agua. Somos nosotros y nuestra paciencia, cedemos el control. Somos nosotros y los ejercicios del idioma que aprendemos. Es la humildad de reconocer que no somos buenos en algo o que somos principiantes, aunque confiamos en ese proceso.

Nadie nos obliga a practicar una afición. Podemos dejarla si nos cuesta trabajo, simplificarla y engañarnos sin temor a las consecuencias. No hay dinero en juego que nos mueva, ninguna recompensa ni validación, solo la experiencia. Practicar bien una afición —estar presentes, estar abiertos, ser virtuosos, estar en sintonía— es difícil. No debemos convertirlo en un trabajo, en otra labor que dominar y mediante la cual dominar a los demás.

Debemos ser disciplinados en nuestra disciplina, y moderados en nuestra moderación.

La vida es equilibrio, no es oscilar de un polo al otro. Demasiadas personas alternan el trabajo con los excesos: la televisión, la sobrealimentación, los videojuegos, las mentiras al responder por qué se aburren. El caos de la vida deriva en el caos de planear unas vacaciones.

¿Sentarse solo frente a un lienzo? ¿Participar en un club de lectura? ¿Disponer de una tarde completa para andar en bici? ¿Derribar árboles? ¿Quién tiene tiempo para eso?

Si Churchill tenía tiempo, si Gladstone tenía tiempo, tú también lo tienes.

¿No perjudicará mi trabajo si me aparto de él?

Séneca señaló lo dispuestos que estamos a correr riesgos con resultados inciertos en nuestra carrera, pero tememos arriesgarnos a un minuto de ocio.

No podemos culparnos por el ocio, no es una imprudencia. Es una inversión. Se alimenta de actividades que no tienen un propósito… y ese es *su* propósito.

El ocio es también una recompensa a nuestro trabajo. Cuando pensamos en el «hombre del Renacimiento» ideal, vemos a alguien activo y ocupado, pero también realizado y equilibrado. Conocerte a ti mismo es el lujo que puedes darte por tu éxito. Te has ganado dicha y satisfacción en la búsqueda de cosas superiores. Están ahí para ti, tómalas.

Date tiempo. Adopta la disciplina.

Lo mereces, lo necesitas.

Tu quietud depende de eso.

NO HUYAS

¡Ay de mí, miserable! ¿Por qué camino podré
huir de la cólera infinita y de la infinita desesperación? Por cualquiera que lo intente, iré a parar
al infierno: el infierno soy yo mismo.

JOHN MILTON

Tras la escalofriante decepción por el inesperado fracaso
de su gran novela *Pregúntale al polvo,* John Fante necesitaba una válvula de escape. Le habría encantado irse, huir
de la ciudad y el estado que le habían roto el corazón, pero
no podía hacerlo. Al principio, porque era demasiado pobre, y
luego demasiado exitoso como guionista para permitirse salir
de Hollywood. Además, poco después contrajo matrimonio y
tenía demasiados hijos que mantener.

A lo largo de los años encontró muchas formas de acallar
su dolor. Jugaba a las máquinas tragaperras durante horas enteras —su adicción era tan extrema que William Saroyan lo

inmortalizó como personaje de *The Time of Your Life*—. Bebía durante horas en bares de Hollywood, donde disfrutaba de la compañía de los escritores F. Scott Fitzgerald y William Faulkner. Pasaba tantas horas en el campo de golf que convirtió a su siempre paciente esposa, Joyce, prácticamente en una viuda.

No perseguía una actividad de ocio ni de recuperación, sino *huir* de la realidad.

En sus propias palabras, desperdició décadas completas jugando golf, leyendo y bebiendo, *en lugar de* escribir novelas. Porque la sensación que aquello le producía era mejor que el temor a verse rechazado una y otra vez. Porque eso era más fácil que sentarse solo en una habitación y batallar contra los demonios que hicieron su escritura tan hermosa originalmente.

Esa es la diferencia entre ocio y escapismo: la intención. Viajar es maravilloso, pero ¿no es triste la historia de Johnny Cash, cuando su primer matrimonio se vino abajo y su música se volvió una fórmula poco satisfactoria? Cuando llegó al aeropuerto de Los Ángeles, tras una larga gira de conciertos, en lugar de dirigirse a casa con su familia, se acercó al mostrador y pidió un billete de avión. ¿Adónde? «Dondequiera que vaya el siguiente avión», le respondió al empleado.

Desesperanza e inquietud van de la mano.

El problema es que no puedes huir de la desesperanza. No puedes escapar de problemas que existen en tu mente y tu espíritu. No puedes huir de tus decisiones, solo puedes remediarlas con mejores decisiones.

No tiene nada de malo tomarse unas buenas vacaciones —en particular, si el propósito es la soledad y el sosiego—

o jugar una ronda de golf, así como tampoco lo tiene tomarse una cerveza para relajarse. A Churchill le encantaba viajar y disfrutaba del champán, aunque era pésimo en el golf.

Con frecuencia, sin embargo, el frenético o el desdichado piensan que una huida —literal o química— es positiva. Claro, la prisa de viajar, la emoción de surfear o el estado alterado de la psicodelia pueden aliviar parte de la tensión que se acumula en nuestra vida. Quizá obtengas algunas fotos bonitas o consigas impresionar a tus amigos.

Pero, cuando se pase el efecto, ¿qué quedará?

Nixon vio casi *quinientas* películas durante su estancia en la Casa Blanca; todos sabemos de la oscuridad de la que escapaba. No cabe duda de que las adicciones de Tiger Woods se debieron en parte al deseo de escapar del dolor que arrastraba desde su infancia. Pero, cada vez que tomaba un avión privado a Las Vegas, en lugar de sincerarse con su esposa —o con su padre mientras vivía—, se preparaba para acumular más dolor. Cada vez que John Fante iba al campo de golf en lugar de enfrentarse a las teclas de su máquina de escribir, o a beber en lugar de estar en casa, sentía quizás un escape temporal, pero pagaba por ello un precio muy alto.

Cuando huyes y te demoras, los intereses se acumulan. La cuenta está por pagarse aún… y será más difícil hacerlo más adelante que ahora.

Lo único de lo que no puedes escapar en tu vida es de *ti*.

Quien haya viajado mucho lo sabe. Llevamos como equipaje algo más que nuestras maletas.

Emerson, quien viajó a Inglaterra, Italia, Francia, Malta y Suiza —así como extensamente por los Estados Unidos—, señaló que quienes construyeron los monumentos y maravillas que a los turistas les agrada observar no los hicieron mientras viajaban. No puedes hacer nada grandioso de un lugar a otro. Debes *aferrarte*, como un eje terrestre. Los que creen que hallarán soluciones a todos sus problemas lejos de casa, quizá mientras contemplan el Coliseo o una enorme estatua de Buda cubierta de musgo, dijo Emerson, llevan *ruinas a las ruinas*. Dondequiera que vayan, hagan lo que hagan, su triste yo los acompaña.

Un billete de avión, una píldora o una planta medicinal nunca son un atajo para llegar donde queremos. Lo que buscas solo llegará si te sientas y haces el trabajo, si te examinas con paciencia y auténtica conciencia de ti.

Debes serenarte bastante para saber qué sucede. Permite que el agua fangosa se asiente. Esto no sucederá si corres de un lado a otro, si llenas tu horario con todas las actividades que se te ocurran para no tener que pasar un solo momento con tus pensamientos.

En el siglo IV a.C., Mengzi dijo que el Camino estaba cerca, pero que la gente lo buscaba lejos. Varias generaciones después, Marco Aurelio señaló que no es preciso que «huyamos de todo», basta con que *miremos dentro*. «No hay sitio más pacífico, más libre de interrupciones», dijo, «que tu alma».

La próxima vez que sintamos el impulso de huir, de partir o escondernos en el trabajo o en una actividad, detengámonos un instante. No reserves un vuelo al otro lado del país; sal a dar un paseo. No te drogues; busca un poco de soledad y de silencio. Estas son estrategias mucho más fáciles, disponibles y sostenibles para tener acceso a la quietud con la que nacimos. Viaja a tu corazón y a tu mente y deja en paz a tu cuerpo. «Una rápida visita será suficiente para que te protejas de todo», escribió Marco Aurelio, «y estés listo para regresar y enfrentar lo que te espera».

Desconectarte no resuelve nada. *Sintoniza*.

Si la verdadera paz y claridad es lo que buscas en esta vida —y es lo que te mereces, por cierto—, debes saber que las encontrarás cerca, no lejos. Echa raíces, como dijo Emerson, céntrate en ti, permanece en tu sitio.

Mírate al espejo, reconoce tu rostro.

Recibiste un cuerpo cuando naciste; no pretendas ser otro, no finjas estar en otra parte. Conócete a ti mismo.

Fórjate una vida de la que no necesites huir.

ACTÚA CON VALENTÍA

Ver a gente que hace algo cuando perciben de
una necesidad en el mundo… Esos son mis
héroes.

FRED ROGERS

En la última novela de Albert Camus, *La caída*, el prota-
gonista, Clamence, recorre en solitario una calle en
Ámsterdam cuando escucha un ruido que parece el de una
mujer que cae al agua. No está seguro de que haya sido eso;
pero, tras haber pasado una hermosa velada con su amante, no
desea tomarse la molestia de investigar y continúa su marcha.

Clamence, un respetado abogado con una reputación de
persona virtuosa en su comunidad, retorna al día siguiente a
su vida normal e intenta olvidar ese episodio. Prosigue en su
labor de representar a clientes y entretener a sus amigos con
persuasivos argumentos políticos, como lo ha hecho siempre.

Pero eso no dura mucho tiempo.

Un día, tras una triunfal aparición ante el tribunal a favor de un cliente ciego, Clamence tiene la impresión de que un grupo de desconocidos que no puede identificar se burlan y se ríen de él. Más tarde se acerca a un conductor varado en una intersección y es inesperadamente insultado y después asaltado. Esos encuentros no guardan ninguna relación entre sí, pero contribuyen a debilitar la ilusión que durante mucho tiempo ha tenido de sí mismo.

La monstruosa verdad de lo que hizo no se aclara con una epifanía o un golpe en la cabeza, sino con una lenta e insidiosa constatación que cambia repentina e irrevocablemente su percepción de sí mismo: esa noche en el canal se encogió de hombros cuando pudo impedir que alguien se suicidara.

Esa constatación es la perdición de Clamence y el tema central del libro. Forzado a mirar de frente el vacío de sus pretensiones y la vergüenza de sus defectos, se descalabra. Había creído que era un buen hombre pero, cuando el destino requirió su bondad, él se ocultó en la noche.

Este pensamiento lo persigue constantemente. Cuando atraviesa de noche las calles, el grito de aquella mujer —a la que ignoró hace tantos años— lo atormenta en todo momento. También juega con él, porque su única esperanza de redención es oírlo de nuevo en la vida real, aprovechar esa vez la oportunidad, zambullirse en el canal y sacar a alguien del fondo.

Pero ya es demasiado tarde. Falló y jamás volverá a estar en paz.

Esta trama es ficticia, por supuesto, pero muy incisiva, escrita no por casualidad después del increíble derrumbe moral que sufrió Europa tras la Segunda Guerra Mundial. El mensaje de Camus al lector nos sacude de igual modo que el grito de la mujer lo hace en la conciencia de Clamence: es muy bello tener pensamientos elevados y de un profundo trabajo interior, pero lo único que importa es lo que *haces*. La salud de nuestros ideales espirituales depende de lo que hacemos con nuestro cuerpo a la hora de la verdad.

Resultará útil que comparemos la agonía y la tortura de Clamence con un ejemplo más reciente de una filósofa francesa: Anne Dufourmantelle, quien murió en 2017, a los cincuenta y tres años de edad, cuando rescató en el mar a dos niños que se ahogaban. Anne había hablado a menudo en sus escritos del tema del riesgo, y afirmaba que es imposible vivir sin arriesgarse, porque *la vida es un riesgo*. Es en presencia del peligro, dijo una vez en una entrevista, que nos sentimos dotados del «fuerte incentivo de la acción, la dedicación y la extralimitación».

Cuando en la playa de Saint-Tropez ella se enfrentó a un momento de riesgo y peligro, pudo elegir entre no hacer nada o *hacer el bien*, y se comprometió por sus ideales.

¿Qué es mejor, vivir como un cobarde o morir como un héroe? ¿Evitar hacer frente a lo correcto o caer en el cumplimiento del deber? ¿Y qué es más natural, ignorar una llamada de auxilio de nuestros semejantes o sumergirse con valentía y ayudarlos cuando lo necesitan?

La quietud no es un pretexto para apartarse de los asuntos del mundo. Muy al contrario: es una herramienta para que hagas más bien a más personas.

Ni los budistas ni los estoicos creían en lo que ha dado en llamarse el «pecado original», que somos una especie caída, deficiente y destrozada. Al revés, creen que nacimos buenos. Para ellos, la frase «sé natural» tenía el mismo significado que «haz lo correcto». Para Aristóteles, la virtud no se reducía al alma; era nuestro modo de vida, lo que hacemos. La llamó *eudaimonia*: florecimiento humano.

Una persona que toma decisiones egoístas o actúa contra su conciencia nunca estará en paz. Una persona que se recuesta en su silla mientras otros sufren o luchan jamás se sentirá bien ni *satisfecha*, por muy impresionante que sea su reputación.

Una persona que *hace* el bien con regularidad se sentirá bien. Una persona que contribuye al bienestar de su comunidad se sentirá parte de ella. Una persona que hace buen uso de su cuerpo —como voluntaria, protectora, servidora, *defensora de sus derechos*— no tendrá que tratarlo como un parque de diversiones para conseguir ciertas emociones.

La virtud no es una noción abstracta. No despejamos nuestra mente y separamos lo esencial de lo trivial para hacer un truco. No mejoramos para enriquecernos o ser más poderosos.

Lo hacemos para vivir mejor y *ser* mejores.

Cada persona a la que tratamos y cada situación en la que nos encontramos es una oportunidad para demostrarlo.

Es el antiguo lema de los *boy scouts*: «Haz una buena obra cada día».

Algunas buenas obras son inmensas, como salvar una vida o proteger el medioambiente. Pero también pueden ser cosas menores, como tener un gesto amable con alguien, cortar el césped de un vecino, llamar al 112 cuando ves que pasa algo, mantener abierta la puerta, hacer amistad con un nuevo compañero en la escuela. Quien hace esas cosas es valiente, quien hace esas cosas contribuye a que siga valiendo la pena vivir en el mundo.

Marco Aurelio insistió en hacer una acción desinteresada tras otra; «solo en esto», dijo, podemos hallar «placer y quietud». La Biblia (Mateo 5:6) dice que quienes hacen el bien serán bendecidos por Dios. Muchos creyentes parecen pensar que basta con la *fe*. ¿Cuántos de quienes pertenecen a alguna religión, si se les tomara por sorpresa y se les investigara, serían responsables de *incumplir* los principios del amor, la caridad y el desinterés?

Lo que importa es actuar.

Toma el teléfono y llama a alguien para decirle lo que significa para ti. Comparte tu riqueza. Preséntate a algún cargo electo. Recoge la basura que ves en el suelo. Interfiere si alguien abusa de otra persona, aunque tengas miedo o puedas salir herido. Di la verdad. Cumple tus promesas y tu palabra. Tiéndele la mano a quien ha caído.

Haz buenas obras *difíciles*. «Haz aquello que no crees poder hacer», dijo Eleanor Roosevelt.

Será inquietante. No siempre será fácil, pero debes saber que al otro lado de la bondad está la quietud.

Piensa en Dorothy Day, y en realidad en muchas otras monjas menos famosas que trabajaron hasta quedarse en los huesos por ayudar a los demás. Quizá carecían de pertenencias materiales y riqueza, pero hallaron enorme alivio en edificar y construir albergues, así como en el respeto por sí mismas que restauraron en personas a las que la sociedad había dado de lado. Comparemos esto con la ansiedad de los padres sobreprotectores que no piensan en otra cosa que en qué institución preescolar inscribirán a sus hijos, o en los socios fraudulentos de una auditoría con miedo a ser sorprendidos. Compara esto con la persistente inseguridad que sentimos al saber que no vivimos como deberíamos o que no hacemos lo suficiente por los demás.

Si ves un fraude y no gritas «¡fraude!», ha dicho el filósofo Nassim Taleb, *eres un fraude*. Peor todavía, te sentirás fraudulento. Y jamás te sentirás orgulloso, feliz ni seguro.

¿Estamos por debajo de nuestros ideales? Sí. Pero no nos culpemos por ello. Como Clamence, permitamos que los errores nos instruyan y enseñen, como lo hacen todas la heridas.

Por eso los grupos de los doce pasos piden a sus miembros que presten servicios como parte de su recuperación. No porque las buenas obras borren el pasado, sino porque nos ayudan a salir de nosotros mismos, y a escribir el guion de un futuro mejor.

Si queremos ser buenos y sentir que lo somos, debemos *hacer* el bien.

No tenemos otra opción.

Mójate cuando oigas un grito de ayuda. Sal de ti cuando alguien te necesite. Practica actos de bondad siempre que puedas.

Porque tendrás que buscar la manera de soportarte si no lo haces.

SOBRE EL ÚLTIMO ACTO

> Como un día bien empleado trae un sueño feliz,
> así una vida bien empleada produce una muerte
> feliz.
>
> LEONARDO DA VINCI

Transcurría el año 161 d.C. y el emperador Antonino Pío sabía que iba a morir. Tenía setenta y cuatro años y sentía que la vida abandonaba su cuerpo. La fiebre lo aquejaba y le dolía el estómago. Con las últimas fuerzas que le quedaban llamó a Marco Aurelio, su hijo adoptivo, para que fuera a su habitación, entonces comenzó el proceso de transferirle el poder. Concluida esta tarea, Antonino se volvió hacia los presentes y pronunció su última palabra, la cual tendría eco no solo en la vida de su hijo, sino también en toda la historia hasta nuestros días: *aequanimitas*.

Varios centenares de años antes, en 400 a.C., Buda aceptó con igual ecuanimidad que él también se marcharía pronto de esta Tierra. Era algo mayor que Antonino, pero no había nombrado a su sucesor, porque aunque nació príncipe había renunciado a su patrimonio en aras de la iluminación. Aun así, sabía que a sus alumnos les preocupaba perderlo, indecisos de cómo continuarían su viaje sin su orientación y su amor.

«Quizá penséis», les dijo, «que la palabra del *maestro* es cosa del pasado; que ya no tenéis maestro. Pero no debéis verlo así. Permitid que el *dharma* y la disciplina que os he enseñado sean vuestro maestro en mi ausencia».

Después, igual que Antonino, preparó sus últimas palabras. Sería su última oportunidad de transmitir sabiduría a las personas que amaba, a las personas que sabía que afrontarían todas las dificultades que la vida nos presenta. «Todo es pasajero», dijo. «Buscad vuestra liberación con dedicación».

Cayó entonces en un sueño profundo del que no despertaría jamás.

Resulta sorprendente que entre los decesos de estos dos hombres se encuentre Epicuro, el filósofo cuyo peculiar modo de vida tiende un puente casi perfecto entre las escuelas de Oriente y Occidente. En 270 a.C, tuvo la conciencia de que ya no le quedaba mucho tiempo. «En este feliz día, que es el último de mi vida», inició su carta final, «les escribo las palabras siguientes». Pese al considerable dolor que sentía, dado que su cuerpo estaba aquejado por obstrucciones en la vejiga y los intestinos, escribió sobre la alegría que experimentaba en su corazón y sobre los buenos recuerdos que guardaba de conversaciones que había sostenido con sus amigos. Llegó entonces al propósito de su carta: una serie de instrucciones para asegurar la atención y el cuidado de un discípulo prometedor tras su fallecimiento. En cuestión de horas y sin mayor aspaviento, Epicuro se unió a Buda y Antonino en la eternidad, en la muerte.

Tres métodos, muy diferentes entre sí, pero en definitiva iguales.

Claros.

Serenos.

Buenos.

Tranquilos.

Abordaron a su manera cada uno de los ámbitos que hemos estudiado.

La mente.

El espíritu.

El cuerpo.

Lo mental. Lo espiritual. Lo físico.

Tres patas en un taburete. Tres puntos de un círculo perfecto.

Nadie pasa mucho tiempo en este mundo. La muerte pende sobre todos nosotros; lo notemos o no, lo creamos o no.

Mañana podríamos enterarnos de que tenemos cáncer. Dentro de dos semanas, una pesada rama caída de un árbol podría llevarnos por delante. El pronóstico es terminal para todos y cada uno de nosotros, y lo ha sido desde que nacimos. Nuestro corazón late sin pausa durante un periodo incierto, y un día se detendrá de pronto.

Memento mori.

Este es un hecho que, quizá más que ningún otro, provoca inmensa ansiedad y angustia. Es aterrador pensar que moriremos. También lo es que no sepamos a ciencia cierta qué sucederá cuando llegue la muerte, en qué momento ocurrirá eso. ¿Existen el Cielo y el Infierno? ¿Es dolorosa la muerte? ¿Es la nada un oscuro y profundo abismo de tiempo?

Séneca recordaba que, antes de nacer, estamos quietos y en paz, como lo estaremos de nuevo cuando muramos. Una luz no pierde nada si se extingue, dijo; solo regresa a su origen.

La negación de esta simple y sobrecogedora realidad —la muerte— es la causa de que intentemos construir monumentos a nuestra grandeza, de que nos preocupemos y discutamos tanto, de que persigamos el placer y el dinero y no podamos estar quietos mientras vivimos. Es irónico que, de nuestro preciado tiempo en la Tierra, dediquemos tanto para combatir inútilmente la muerte o para tratar de no pensar en ella.

Cicerón dijo que *estudiar filosofía es aprender a morir.*

Este libro ha tratado en su mayor parte de cómo vivir bien. Pero, por ese mismo motivo, también trata de cómo morir bien. Porque ambas cosas son lo mismo. En la muerte se reúnen los tres ámbitos que hemos estudiado en estas páginas.

Debemos aprender a pensar racional y claramente en nuestro destino.

Debemos hallar significado espiritual y bondad mientras estamos vivos.

Debemos tratar bien al recipiente que habitamos en este planeta, o de lo contrario nos veremos forzados a abandonarlo pronto.

La muerte pone fin a todo, a nuestra mente, nuestra alma y nuestro cuerpo, en una quietud última y permanente.

Así que aquí terminamos también este libro.

EPÍLOGO

Cae la noche y ya va siendo hora de que apague el ordenador, tras avanzar un poco en las páginas que acabas de leer. Hace ya varios años dejé la ajetreada ciudad y me instalé con mi familia aquí, en un pequeño pueblo rural de las afueras, donde coloqué frente a mi escritorio una foto de Oliver Sacks con su letrero: «¡No!». Una vez concluida la tarea de escribir, tengo trabajo que hacer en la granja: cuidar de las gallinas, dar de comer zanahorias a los burros y revisar las cercas. A semejanza del poema zen sobre domar a un toro, el buey colorado de mi vecino ha entrado en mi propiedad y debo ir a buscarlo.

Mi pequeño hijo me ayuda a cargar algunas herramientas en la parte trasera del vehículo de trabajo —«¡el tractor, el *dactor*!», lo llama— y después lo abrazo y me dirijo al dique, hacia la pastura mediana, por el arroyo. Ahí, la cerca ya se ha debilitado, a causa de los elementos naturales y de las exploraciones del toro rebelde, y dedico la hora siguiente a colocar abrazaderas en los postes con forma de T. Coges la abrazadera, envuelves con ella la parte trasera del poste, sujetas los extremos con las pinzas, los enganchas entre sí y los retuerces con fuerza para que no se aflojen. Envuelves, sujetas, enganchas, retuerces; envuelves, sujetas, enganchas, retuerces.

Sin pensar en nada, simplemente lo haces.

En Texas, es fácil sudar, y mis guantes de piel adquieren una tonalidad más oscura tan pronto como empiezo a trabajar. Pero, al final, la cerca está firme. Me digo que aguantará, o al menos eso espero. El siguiente paso es mover la paja, llevar la carretilla hasta la bola redonda, dejar que el brazo mecánico caiga sobre ella, y luego encender el motor del tractor. Arranca, se tambalea, sube y cae, noventa kilos de alimento tendidos en el remolque. Cuando llego adonde debo bajarlo, las vacas han percibido el ruido y se acercan rápidamente para investigar. Acomodo la paja con su aro y la veo desplazarse desde atrás. Corto la red con mi navaja de bolsillo y dejo caer el pesado anillo de acero para evitar el desperdicio. Las vacas se abalanzan sobre el alimento, mugen agradecidas, se apretujan unas contra otras para hacerse un lugar junto al heno.

Así, distraídas, es momento de que yo busque a ese toro. Lo oí mientras trabajaba, y sospecho que se encuentra en la esquina trasera del pastizal de enfrente. Allí, está, una tonelada o más de músculo y cuernos. Estoy algo indignado. Esto no es problema mío, aunque parece que a mi vecino no le preocupa que siga ocurriendo. Contemplo al toro, como dice el poema, pero guardo distancia. No solo porque no quiero salir herido, sino también porque, al intentarlo antes de forma precipitada, hice que el toro se estampara contra la cerca de alambre de espino, un costoso recordatorio de los riesgos de la impaciencia.

La clave es empujarlo lentamente hacia la dirección que quieres que vaya, eliminar las demás opciones y hacer que se mueva. Tiene que sentir que es una idea suya. De lo contrario, se alarmará y se enfadará, y las cosas podrían complicarse.

Así que me recuesto en un cedro y veo los primeros brotes color violeta —el atardecer de Texas que se tiende sobre Austin— en el horizonte. Estoy en paz en este momento. A pesar de que las cosas no hayan ido bien últimamente, pase lo que pase en el mundo, mi respiración se apacigua. No hay redes sociales aquí. La fábrica de infamias en la que se ha convertido ese circo no puede alcanzarme. Tampoco mis clientes, ni mis socios; no hay cobertura en este bosque. Estoy lejos del manuscrito en el que he trabajado. Lejos de mi investigación y de mis notas, de mi acogedora oficina y de la labor que amo. Y aquí, lejos de mi trabajo, la historia de Shawn Green, que leí hace meses, se desliza de mi subconsciente a mi mente. Ahora lo entiendo. Entiendo qué perseguía Shawn.

Corta la madera, carga el agua, arregla las cercas, carga la paja, atrapa al toro.

Mi mente está vacía. Mi corazón está lleno. Mi cuerpo está ocupado.

Attamen tranquillus.

Ryan Holiday
Austin, Texas

¿QUÉ SIGUE?

Cada mañana escribo para DailyStoic.com una meditación inspirada en el estoicismo y otras filosofías de la Antigüedad. Puedes seguirlas junto con otras cerca de doscientas mil personas si te inscribes en:

DailyStoic.com/email

O, si prefieres algunas recomendaciones de lecturas —sustanciosas, inspiradoras, libros tan desafiantes como la auténtica sabiduría—, inscríbete en una lista mensual en:

RyanHoliday.net/reading-list

AGRADECIMIENTOS

Uno de los más simples y accesibles puntos de entrada a la quietud es el agradecimiento. Gratitud por estar vivo, por las pausas afortunadas que has tenido y por todas las personas que te han ayudado en la vida. Cada mañana intento darme algo de tiempo para pensar en esas cosas; la mayoría de las cuales, sin embargo, permanecen en privado. En este reducido espacio que se me ofrece aquí, quiero dar las gracias a todos los que me ayudaron a hacer posible este libro: antes que nada a mi esposa, Samantha. Agradezco su guía, su apoyo y su natural quietud, de la que aprendo todo el tiempo. A mi hijo, Clark, quien dio conmigo largos paseos mientras trabajaba en este libro. A mi hermana, Amy, cuyo aplomo y fortaleza en el combate contra cáncer me han conmovido y sobrecogido profundamente. Doy las gracias a mi agente y colaborador, Steve Hanselman, quien me ayudó no solo en las traducciones, sino también en la definición de la idea. A Nils Parker, quien ha sido una caja de resonancia de mis ideas literarias durante más de una década, y a Brent Underwood, por toda su ayuda en la comercialización y la puesta en marcha de mi plataforma.

Gracias a Hristo Vassilev por su importante investigación y su asistencia en la verificación de información. A Niki Papadopoulos, mi editora, y el resto del equipo de Portfolio en Penguin Random House: gracias a todos por su trabajo en la totalidad de mis libros. Al *logos* que reunió a todas estas personas y factores…

Debería dar las gracias también a mis burros, vacas y cabras —por sus lecciones de *ser*, no de hacer—, aunque son demasiados para nombrarlos a todos. Agradezco asimismo la oportunidad de pulir muchas de las ideas de este libro en *Thought Catalog*, *Observer*, *Medium* y DailyStoic.com.

Mis últimos y más serios agradecimientos son para los pensadores y filósofos cuyas ideas componen este libro. Este volumen no habría sido posible sin ellos, pero sobre todo sus discernimientos y sus textos han vuelto mi vida mucho mejor. Doy también las gracias a los héroes —y villanos— de las historias reproducidas aquí, ya que sus muy humanos éxitos y fracasos inspiran y previenen a todos aquellos que buscamos la felicidad, la excelencia y la quietud. Mi búsqueda dista mucho de haber terminado, pero el ejemplo de ellos me ha servido para avanzar un poco en un viaje que —los dioses quieran— apenas acaba de empezar.

FUENTES Y BIBLIOGRAFÍA

Mi propósito en este libro es que sea lo más conciso y portátil posible. Dado que el espacio disponible aquí es limitado y no quiere dejarse fuera ninguna fuente valiosa, quien desee la bibliografía completa de este volumen puede escribir al siguiente correo electrónico:

hello@stillnessisthekey.com

A quienes desean leer más sobre filosofía oriental u occidental, les recomiendo lo siguiente:

Meditations, de Marco Aurelio (Modern Library) [*Meditaciones*, Editorial Gredos].

Readings in Classical Chinese Philosophy, de Philip J. Ivanhoe y Bryan W. Van Norden (Hackett).

Letters of a Stoic, de Séneca (Penguin Classics) [*Cartas morales*, Universidad Nacional Autónoma de México].

The Bhagavad Gita (Penguin Classics) [*La Bhagavadgita*, Universidad Nacional Autónoma de México].

The Art of Happiness, de Epicuro (Penguin Classics) [*Máximas para una vida feliz*, Temas de Hoy].

The New Testament: A Translation, de David Bentley Hart (Yale University Press) [*Nuevo Testamento*, versión de Casiodoro de Reina y Cipriano de Valera, Sociedades Bíblicas].

Buddha, de Karen Armstrong (Penguin Lives Biographies) [*Buda*, Debate].

NOTAS

NOTAS

ESTUCHE DEL DIARIO PARA ESTOICOS + AGENDA de RYAN HOLIDAY

Una guía fascinante para transmitir la sabiduría estoica a una nueva generación de lectores y mejorar nuestra calidad de vida. Su Agenda es un complemento perfecto para una reflexión más profunda sobre el estoicismo, así como indicaciones diarias y herramientas estoicas de autogestión.

DIARIO PARA ESTOICOS de RYAN HOLIDAY

Bestseller número uno de Wall Street Journal. Bestseller USA Today. ¿Dónde puedes encontrar la felicidad? ¿Cómo puedes aprovechar el poder de la razón? ¿Cuál es el verdadero significado del éxito? ¿Qué sentido tiene la vida? Las respuestas a estas y otras muchas preguntas pueden encontrarse en la sabiduría de la filosofía estoica.

AGENDA DEL DIARIO PARA ESTOICOS de RYAN HOLIDAY

La agenda del diario para estoicos es una herramienta práctica y elegante para incorporar la sabiduría estoica en tu rutina diaria. Con espacio para reflexiones matutinas y vespertinas, preguntas clave y ejercicios semanales, esta agenda te guía hacia una vida más consciente, enfocada y equilibrada. Inspirada en las enseñanzas de los grandes filósofos estoicos, te ayuda a cultivar la claridad, la disciplina y la paz interior cada día del año.

DIARIO PARA PADRES ESTOICOS de RYAN HOLIDAY

Diario para padres estoicos, ofrece una guía diaria para aplicar la sabiduría estoica en uno de los mayores retos y regalos de la vida: la crianza. Con reflexiones prácticas y herramientas emocionales, este libro te acompaña en cada etapa del viaje como madre o padre, ayudándote a educar con paciencia, propósito y equilibrio. Inspirado en los valores de Marco Aurelio y Epicteto, es una brújula moderna para criar hijos con carácter en un mundo lleno de distracciones y presiones.

VIDA DE LOS ESTOICOS de RYAN HOLIDAY

Una exploración profunda y reveladora del estoicismo a través de las historias de quienes lo vivieron. Desde Zenón hasta Marco Aurelio, este libro recorre las vidas de pensadores, líderes y ciudadanos que encarnaron los principios estoicos en sus decisiones, desafíos y virtudes. Con breves biografías llenas de sabiduría práctica, ofrece una mirada humana y accesible a esta filosofía milenaria, convirtiéndose en una guía inspiradora para quienes buscan vivir con propósito, coraje y claridad en tiempos de incertidumbre.

Disponibles también en formato **e-book**.

Solicita más información en revertemanagement@reverte.com
www.revertemanagement.com
@revertemanagement

Gracias

REM*life*